社交网络
信息传播控制策略研究

SHEJIAO WANGLUO
XINXI CHUANBO KONGZHI CELÜE YANJIU

杨 雪 著

知识产权出版社
全国百佳图书出版单位
—北 京—

图书在版编目（CIP）数据

社交网络信息传播控制策略研究／杨雪著. -- 北京：知识产权出版社，2025.6.
ISBN 978-7-5130-9590-7

Ⅰ.G206

中国国家版本馆 CIP 数据核字第 2024CA4268 号

内容提要

为了遏制虚假信息的传播，引导正确舆论导向，研究信息传播的动力学行为及其控制策略具有重要意义。本书首先分析信息传播控制的关键理论及近年来国内外相关研究的进展，随后结合博弈论思想，从传播模型设计与源点定位两个方面，探讨控制信息传播速度和范围的策略。

本书适合从事复杂网络传播方向的研究人员学习，并供对此方向感兴趣的人员参考。

责任编辑：李海波　　　　　　　　　　责任印制：孙婷婷

社交网络信息传播控制策略研究
SHEJIAO WANGLUO XINXI CHUANBO KONGZHI CELÜE YANJIU

杨　雪　著

出版发行：知识产权出版社有限责任公司	网　　址：http://www.ipph.cn
电　　话：010-82004826	http://www.laichushu.com
社　　址：北京市海淀区气象路 50 号院	邮　　编：100081
责编电话：010-82000860 转 8582	责编邮箱：laichushu@cnipr.com
发行电话：010-82000860 转 8101	发行传真：010-82000893
印　　刷：北京中献拓方科技发展有限公司	经　　销：新华书店、各大网上书店及相关专业书店
开　　本：720mm×1000mm　1/16	印　　张：7.25
版　　次：2025 年 6 月第 1 版	印　　次：2025 年 6 月第 1 次印刷
字　　数：110 千字	定　　价：58.00 元

ISBN 978-7-5130-9590-7

出版权专有　侵权必究

如有印装质量问题，本社负责调换。

前 言

在网络科技迅猛发展的今天，伴随网络舆论事件或公共安全事件的发生，正面信息或负面信息在网络上快速扩散，影响着事件的未来发展。在众多信息中，虚假的信息会给社会带来很多不良影响，危害社会稳定。因此，研究信息的传播控制策略以抑制虚假信息的传播具有现实意义。

干预信息传播过程和控制重要节点是抑制信息传播的两种有效手段。其中，干预信息传播过程主要从传播模型的角度降低特定信息传播率，以达到抑制信息传播的目的，这类方法仅从单个拟抑制信息本身传播过程考虑，缺乏对在线网络中多信息传播过程及模型的分析。控制重要节点的方法是借鉴传染病传播中的节点免疫策略，利用节点重要性的排序算法针对高影响力节点抑制信息的传播，此类方法大部分只考虑了网络的拓扑结构，而忽略了初始发布信息的源点作为一类重要节点对信息传播的影响。基于此，本书从互斥信息传播过程及准确识别信息源点角度出发，运用社交网络和博弈论相关知识对信息传播控制的有效策略开展研究，主要研究内容和创新点如下。

（1）针对现实世界中的多信息竞争传播现象，提出一种基于博弈论的社交网络中多信息竞争传播模型，通过传播互斥信息来抑制原信息的传播。该方法基于演化博弈理论，以个体选择是否相信某信息及保持中立作为策略集，综合考虑个体偏好及邻居节点威望设计收益函数，研究了两条互斥信息在社交网络中的传播模型。此研究通过引入互斥信息控制原信息传播范围，验证了互斥信息的传播抑制原信息传播范围方法的有效性，为更好地控制和引导舆论提供有效支撑。

（2）针对如何准确发现信息源点，从而有效控制信息传播范围的问题，提出一种基于命名博弈的单源点识别方法。该方法运用命名博弈理论设置说话者和听话者，并通过二者的交互得到作为说话者的观察点的局部源点信息；以此为依据消去消息不可能经过的边，简化网络结构；采用反向传播策略，识别信息传播源点；给出通过禁言、切断源点与邻居之间的连边，以及在源点周围发布互斥信息等方法控制原信息传播。与传统方法相比，该方法不需要提前设置观察点，采用按需部署观察点的方式，动态增加观察点数量，且不受传播模型限制。真实在线网络仿真结果表明，该方法能较准确地识别信息的单个源点，为有效控制单源信息的传播提供可行性方案。

（3）针对在线网络信息传播中存在多个源点的现象，提出了一种基于命名博弈和观察点划分的多源信息传播溯源方法，进而控制多源信息的传播范围。该方法根据观察点提供的局部信息来源，确定在线网络信息传播的部分方向信息，简化网络结构。以此为基础，利用反向传播划分观察点集合，考虑观察点与局部源点到信息源点的距离特征，找到各观察点集合的信息源点，进而找到发布信息的多个源点。仿真结果表明，在仅部署较少数量观察点的情况下，该方法可以较准确地估计出多个源点的数量及位置，为基于多源溯源的信息传播控制方法提供了有效依据。

目 录

第1章 绪 论 ... 1
- 1.1 研究背景及意义 ... 1
- 1.2 国内外研究现状 ... 3
- 1.3 存在的问题 ... 4
- 1.4 主要研究内容和本书组织结构 ... 5
- 参考文献 ... 7

第2章 社交网络上的信息传播与控制 ... 11
- 2.1 社交网络基本理论 ... 11
- 2.2 社交网络信息传播基本理论 ... 15
- 2.3 社交网络信息传播控制基本理论 ... 19
- 2.4 本章小结 ... 26
- 参考文献 ... 27

第3章 基于竞争策略的信息传播控制方法 ... 31
- 3.1 博弈论基本理论 ... 32
- 3.2 基于演化博弈论的多信息竞争传播问题分析 ... 37
- 3.3 基于竞争信息的传播控制方法设计 ... 39
- 3.4 仿真实验及分析 ... 46
- 3.5 本章小结 ... 59
- 参考文献 ... 60

第 4 章　单源信息传播溯源及控制方法　65
4.1　命名博弈基本理论　66
4.2　信息传播的单源溯源问题分析　68
4.3　基于命名博弈的单源信息传播溯源方法　69
4.4　仿真实验及分析　76
4.5　本章小结　81
参考文献　82

第 5 章　多源信息传播溯源及控制方法　85
5.1　信息传播的多源溯源问题分析　86
5.2　基于命名博弈的多源信息传播溯源方法　87
5.3　仿真实验及分析　95
5.4　本章小结　102
参考文献　103

第 6 章　总结与展望　105
6.1　本书内容总结　105
6.2　未来研究展望　106

后　　记　109

第 1 章 绪 论

1.1 研究背景及意义

随着网络科技的发展,尤其是在线社交网络的普及,信息的传播呈现出新的方式和特点,并以前所未有的速度和范围影响着人们的生活。尤其是在各种突发事件面前,公众对于事件更加关心和对真相更加渴求,但往往各种相关信息在网上泛滥,真假混淆,令人不易辨认。其中一些虚假信息的传播常常引起不良后果。所以,为了遏制虚假信息的传播,引导正向社会舆论导向,研究信息传播的动力学行为及控制信息传播的方法具有重要意义,也得到了学者们的广泛关注。

1.1.1 研究背景

中国互联网络信息中心(CNNIC)发布的第 45 次《中国互联网络发展状况统计报告》显示:截至 2020 年 3 月,我国网民数量达到了 9.04 亿,互联网普及率高达 64.5%[1]。从逐年递增的网络用户人数和互联网普及率数据可以看出,网络对个人乃至整个社会的影响越来越大。通过网络,我们可以获取资讯、与友人通信、购物、约车、进行生活缴费等,可以说网络的应用已经深入人们日常生活的各个方面。

庞大的网民基数和迅速发展的网络技术促使各类社交网络系统，如博客和微信等快速发展。这些社交网络系统已经成为人们获取信息和维持社交关系的重要手段。近年来，越来越多对现实世界中热点问题的讨论被转至线上，并大规模地传播与演化。但是，网络信息的质量往往良莠不齐，人们难以辨其真伪。同时，网络信息传播管理制度的不完善，导致许多谣言、恶意言论被大量传播。

1.1.2 研究意义

对信息的传播进行控制不仅可以引导公众作出正确判断，减少网络谣言的负面影响，净化网络空间，还可以维护社会稳定，促进社会和谐。从研究的层面出发，将理论与实际相结合，对信息传播的具体场景和影响因素进行分析，掌握信息传播的规律和特点，采取相应策略对传播的范围和速度进行控制是一项非常重要的工作。

对社交网络信息传播数据进行观测与跟踪，设计信息传播模型以精准刻画信息的传播行为，精确分析传播规律，是对信息传播进行控制的基础，已经成为目前研究的热点。然而，在对社交网络信息传播控制的研究中，如何让信息控制的效果更好、成本更低，如何选择最佳控制节点来最大限度地抑制信息的传播范围，仍存在很大的研究空间。信息传播扩散的过程是由网络中每个节点对信息传播与否的微观行为汇聚形成的宏观结果。所以，从宏观角度控制改变信息的传播概率，即从传播模型入手对信息传播进行控制是一种可行的方法；从微观角度找到对传播具有较大影响力的节点并对其进行控制也是一种比较有效的手段。由此，如何定义并找到对信息传播影响力大的节点是从微观角度控制信息传播的关键。

本书试图以复杂网络理论和博弈论知识为基础，分别从控制传播过程的宏观角度和控制重要节点的微观角度出发探寻有效的方法以对信息的传播进行控制。

1.2 国内外研究现状

　　了解信息扩散背后的传播机制能帮助解决许多实际问题，如病毒式营销[2-4]、社会行为预测[5-7]、社会推荐[8-10]和社区发现[11-13]等。由于网络信息传播的具体过程是无从知晓的，学者们只能通过设计不同类型的信息传播模型来描述并模拟这一过程。学者们对传播行为的研究起源于对传染病传播的研究，并取得了丰硕的成果。由美国研究学者希斯科特（Hethcote）最先提出的传染病模型是最经典的传播模型，主要应用于网络中流行病的传播[14]。随后，学者们在该模型的基础上进行改进并将其应用于信息传播的场景。肖（Xiao）等将 SIR 模型与博弈论的知识相结合[15]，构建了一种新型的动力学传播模型，既描述了网络中信息传播的趋势，又揭示了不同影响因素对信息传播的影响。詹尼特（Zanette）将病毒传播的 SIR 模型与网络拓扑结构相结合，分别在静态和动态的小世界网络上研究了谣言的传播过程[16-17]。张彦超等建立了在线社交网络上信息传播的动力学演化方程，描述了随时间变化的网络中不同状态节点数量的变化情况，指出传播过程会受到网络拓扑结构和传播机理的影响[18]。艾沙姆（Isham）在均匀网络上建立了离散的谣言传播模型[19]，并与连续的谣言传播模型进行了对比分析。通过对信息传播过程的研究可以看出：与传统传播模式相比，信息在社交网络中的传播速度更快、传播范围更广，因此如何对社交网络中信息的传播进行控制得到了学者们的广泛关注。

　　目前，大多数社交网络中信息的传播过程遵循以下规则：每个传播者只能从其邻居处获得信息；信息的传播从一个或几个源节点开始。所以，对信息传播的控制策略可以从控制传播过程和控制网络节点两个角度进行。控制传播过程是通过外界干预牵制直接影响信息的传播。李（Li）等在随机网络和无标度网络中利用牵制控制的方法，研究了将局部反馈控制应用于少数节点以达到控制网络传播的目的，证明了牵制策略可得到较好的效果[20]。刘（Liu）等利用线性系统的控制理论提出复杂网络的可控性模型，根据有向图的最大匹配求解最少驱动节点的集合[21]。控制网络节点通常是令网络中某些节点对信息免疫，旨在通过改变节点间的连接关系来间接影响传播行为。随机免疫控制是在网络中随机选取某些节点并使其对信息免疫，它是控制网络传播最简单的方式。但社交网络中的节点具有复杂的结构特性，随机控制并不能达到较好的控制效果。随着研究逐步深入，学者们结合网络结构属性和节点重要性进行目标免疫控制。吴（Wu）等提出了一种新的网络动态免疫策略，建立了动态免疫和静态免疫之间的联系，明显降低了最终免疫比例[22]。苗（Miao）等研究了网络中社团的结构与数量对传播控制的影响，并且在社团的内外选取节点实施控制，验证了网络可控性与社团的强弱程度存在关联[23]。拉尼巴尔（Ranjbar）等在社区结构中增设黑名单机制阻止信息传播至黑名单用户，提高了信息传播的安全性[24]。熊师洵等利用社区划分提取网络中心节点，并对节点增设信任机制，通过节点信任度控制谣言等不良信息的传播[25]。

1.3　存在的问题

以上成果对信息传播控制领域的研究作出了杰出的贡献，也为今后的研究奠定了坚实的基础。通过以上对国内外研究现状的分析，发现下述问题。

（1）上述研究多针对单一信息的传播现象进行，没能充分考虑多信息同时传播的情况下互斥信息间的相互影响，不能很好地适应社交网络信息传播的真实场景。所以，研究多信息间的相互影响以控制信息的传播将是进一步研究的主要方向。

（2）目前已有的针对网络节点的传播控制策略多是基于节点影响力设计的，应用一些排序算法找出高影响力节点，通过将其从网络中删除的方式对信息传播进行控制。这类方法大部分没有考虑信息传播的时间顺序。因此，结合时间因素和拓扑关系来进行信息传播的控制是一个亟待解决的问题。在负面信息出现时若能快速找到信息源（即信息的传播者）并对其进行一定的惩戒，可以及时遏制信息继续传播且能够对其他恶意传播不实信息的行为进行警示。因此，信息传播的源点对信息传播的影响力较大，基于信息源的传播控制方法也是一个值得研究的内容。

1.4 主要研究内容和本书组织结构

本书针对信息传播控制问题，借助复杂网络理论和博弈论思想，从控制传播过程和控制重要节点两个角度提出信息传播控制的有效方法。首先，通过对两条互斥信息的竞争传播来模拟互斥信息间的相互影响，实现对信息传播过程的控制。其次，设计了准确的溯源方法，给出了基于传播源点的信息传播控制方法。同时，探讨了不同观察点部署方法对溯源结果和传播控制结果的影响。本书共分为6章，具体安排如下。

第1章介绍课题的背景，阐述研究的意义和内容。主要介绍信息传播控制领域的研究现状，总结相关领域存在的一些问题。

第2章介绍社交网络基本理论、信息传播及传播控制的基础知识。

第3章针对一条信息在传播过程中受到互斥信息影响的现象，从控制传播过程的角度提出了社交网络中基于演化博弈论的双信息竞争传播模型。在该模型中考虑了收到一条信息的次数对个体接受程度的影响，用以模拟个体在面临多信息情况下如何作出策略的选择。

第4章针对只有单个源点的信息传播场景，提出了一种基于单源信息溯源的信息传播控制方法。该方法将命名博弈过程选定的每一个说话者作为溯源的观察点，并根据他们提供的局部源点信息不断更新各节点是传播源点的概率，直到结果多次保持不变为止。所提出的方法将命名博弈与信息溯源相结合，取得了较好的溯源效果，进而对信息传播取得了较好的控制效果。

第5章针对具有多个源点的信息传播场景，提出了一种基于多源信息溯源的信息传播控制方法。由于多源信息溯源的难度较单源信息溯源更大，将网络中的节点按照不同源点进行分类是解决这个问题的一种有效手段。经过研究，本书利用反向标签传播将确定的观察点进行分类，提出了一种多源信息溯源的方法，提高了基于多源溯源的信息传播控制的效果。

第 6 章对本书进行总结，展望未来的研究方向和内容。

参考文献

[1] 中华人民共和国国家互联网信息办公室. 第45次中国互联网络发展状况统计报告[R/OL]. (2020-04-27)[2022-05-30]. http://www.cac.gov.cn/2020-04/27/c_1589535470378587.html.

[2] KEMPE D, KLEINBERG J, TARDOS É. Maximizing the spread of influence through a social network[C]//Proceedings of the 9th ACM SIGKDD International Conference on Knowledge Discovery and Data Mining, ACM, Washington DC, USA, 2003:137-146.

[3] LESKOVEC J, ADAMIC L A, HUBERMAN B A. The dynamics of viral marketing[J]. ACM Transactions on the Web, 2006:228-237.

[4] RICHARDSON M, DOMINGOS P. Mining knowledge-sharing sites for viral marketing[C]//Proceedings of the 8th ACM SIGKDD International Conference on Knowledge Discovery and Data Mining, ACM, Edmonton, Canada, 2002:61-70.

[5] MA C, ZHU C, FU Y J, et al. Social user profiling: A social-aware topic modeling perspective[C]//Proceedings of the 22nd International Conference on Database Systems for Advanced Applications, Springer, Suzhou, China, 2017:610-622.

[6] XU T, ZHU H S, ZHAO X Y, et al. Taxi driving behavior analysis in latent vehicle-to-vehicle networks: A social influence perspective[C]//Proceedings of the 22nd ACM SIGKDD International Conference on Knowledge Discovery and Data Mining, ACM, San Francisco, USA, 2016:1285-1294.

[7] ZHAO X Y, XU T, LIU Q, et al. Exploring the choice under conflict for social event participation[C]//Proceedings of the 21st International Conference on Database Systems for Advanced Applications, Springer, Dallas, USA, 2016:396-411.

[8] BACKSTROM L, LESKOVEC J. Supervised random walks: Predicting and recommending links in social networks[C]//Proceedings of the 4th ACM International Conference on Web Search and Data Mining, ACM, Hong Kong, China, 2011:635-644.

[9] LIBEN-NOWELL D,KLEINBERG J. The link-prediction problem for social networks[J]. Journal of the American Society for Information Science and Technology,2007,58(7):1019-1031.

[10] XU T,ZHU H S,CHEN E H,et al. Learning to annotate via social interaction analytics[J]. Knowledge and Information Systems,2014,4(2):251-276.

[11] FORTUNATO S. Community detection in graphs[J]. Physics Reports,2010, 486(3):75-174.

[12] FORTUNATO S. BARTHLEMY M. Resolution limit in community detection[J]. Proceedings of the National Academy of Sciences of the United States of America,2007,104(1):36-41.

[13] GIRVAN M,NEWMAN M E J. Community structure in social and biological networks[J]. Proceedings of the National Academy of Sciences of the United States of America,2002,99(12):7821-7826.

[14] HETHCOTE H W, et al. Optimal vaccination schedules in a deterministic epidemic model[J]. Mathematical Biosciences, 1973, 18(3-4):365-381.

[15] XIAO Y P,WANG Z,LI Q,et al. Dynamic model of information diffusion based on multidimensional complex network space and social game[J]. Physica A:Statistical Mechanics and its Applications,2019,521(19): 578-590.

[16] ZANETTE D H. Critical behavior of propagation on small-world networks[J]. Physical Review E,2001,64:050901.

[17] ZANETTE D H. Dynamics of propagation on small-world networks[J]. Physical Review E,2002,65:041908.

[18] 张彦超,刘云,张海峰,等. 基于在线社交网络的信息传播模型[J]. 物理学报,2011,60(5):050501.

[19] ISHAM V,HARDEN S,NEKOVEE M S. Stochastic epidemics and rumours on finite random networks[J]. Physica A:Statistical Mechanics and its Applications,2010,389(3):561-576.

[20] LI X,WANG X F,CHEN G R. Pinning a complex dynamical network to its equilibrium[J]. IEEE Transactions on Circuits and Systems I:Regular Papers,2004,51(10):2074-2087.

[21] LIU Y Y,SLOTINE J J,Barabási A L. Controllability of complex networks[J]. Nature,2011,473(7346):167-173.

[22] WU Q C,FU X C,JIN Z,et al. Influence of dynamic immunization on epidemic spreading in networks[J]. Physica A:Statistical Mechanics and its Applications,2015,419:566-574.

[23] MIAO Q Y,TANG Y,KURTHS J,et al. Pinning controllability of complex networks with community structure[J]. Chaos:An Interdisciplinary Journal of Nonlinear Science,2013,23(3):033114.

[24] RANJBAR A,MACHESWARAN M. Using community structure to control information sharing in online social networks[J]. Computer Communications,2014,4(5):11-21.

[25] 熊师洵,范通让. 一种时变的社区网络可信中心节点选取策略[J]. 计算机工程,2016,42(5):146-150.

第 2 章
社交网络上的信息传播与控制

近年来,各种各样的社交软件已经成为人们工作、学习和生活中不可或缺的工具,对社交网络理论的研究逐渐深入。

2.1 社交网络基本理论

社交网络是一种在信息网络上由社会个体集合及个体之间通过同事、朋友、兴趣等关系构成的社会性结构[1]。社交网络往往具有庞大的成员数量和复杂的成员关系,其演化和发展存在复杂的社会群体交互行为,具有典型的复杂网络特性。其复杂性主要表现在以下方面[2]。

(1) 规模庞大且结构复杂。网络中节点数量巨大且网络结构错综复杂,可能呈现多种不同的统计特性。

(2) 节点类型和行为复杂。社交网络中可以出现类型属性不同的节点。

(3) 连接关系复杂。节点间的联系可以不存在方向性且权重存在差异。网络连接结构具有内在自组织规律,既非完全随机也非完全规则。同时,网络连接往往具有稀疏性。

(4) 网络演化过程复杂。社交网络具有时间和空间的演化性,尤其是网络节点之间的不同类型的同步化运动。

(5) 综合复杂性。以上多种复杂性相互融合、相互影响,导致更复杂的结果。

(6) 不同网络之间的相互影响复杂。例如，邮件网络、朋友网络等，它们之间相互联系紧密，其中一个发生改变就可能会引起其他关联网络的巨大变化。

2.1.1 社交网络的统计特性

社交网络常常用图来表示，V 表示网络中节点的集合，E 表示网络中边的集合。其中，每一个节点代表且仅代表网络的一个用户；边表示其连接的两个节点用户存在人为建立起来的关系，如好友关系等；两个节点之间直接连接的边最多只能有一条并且节点与自己之间没有连边。从统计角度考察网络中大规模节点及其连边之间的特征是社交网络分析的基本工作。这些不同特征反映了不同的网络内部结构，网络内部结构的不同则会导致系统功能的巨大差异[3]。因此，对社交网络统计特性的描述和理解非常重要。

1. 度

网络中任意节点 i 的度用 δ_i 来表示，是社交网络节点属性中最简单也是最重要的一个。无向网络中节点 i 的度定义为与节点 i 直接相连的边的数目。有向网络中节点的度分为入度和出度。节点 i 的入度为其他节点指向节点 i 的边的数目；出度为从节点 i 指向其他节点的边的数目。节点 i 的总度等于入度与出度的和。

定义 2.1 网络中所有节点的度的平均值称为网络的平均度，数学表示如式 (2.1)。

$$<\delta> = \frac{1}{N}\sum_{i=1}^{N}\delta_i \qquad (2.1)$$

其中，N 为网络的节点数。直观上看，一个节点的度越大，这个节点在某种意义上越"重要"。

2. 平均路径长度

网络中两个节点 i 和 j 之间的距离用 $d_{i,j}$ 表示，定义为连接它们的最短路径上边的数目。

定义 2.2　将网络中任意两个节点间的最大距离定义为网络直径,用 $<d>$ 来表示,即

$$<d> = \{d \mid \max_{i,j \in V} d_{i,j}\} \quad (2.2)$$

定义 2.3　平均路径长度用 $<l>$ 表示,定义为网络中任意两个节点间的距离的平均值,数学表述为

$$<l> = \frac{\sum_{i \geqslant j} d_{i,j}}{N(N-1)/2} \quad (2.3)$$

3. 聚类系数

聚类系数是用于度量节点之间聚集程度的指标。例如,在朋友关系网络中,一个人的两个朋友很可能彼此也是朋友,这种可能性的大小反映了其朋友圈的紧密程度。此处用聚类系数定量刻画一个人任意两个朋友之间互为朋友的概率。

定义 2.4　网络中一个度为 δ_i 的节点 i 的聚类系数 c_i 表示为

$$c_i = \frac{m_i}{\delta_i(\delta_i - 1)/2} = \frac{2m_i}{\delta_i(\delta_i - 1)} \quad (2.4)$$

其中,m_i 为节点 i 朋友之间的连接数。

定义 2.5　网络平均聚类系数用 $<c>$ 表示,顾名思义它是网络中所有节点的聚类系数的平均值,可以表述为

$$<c> = \frac{1}{N} \sum_{i=1}^{N} \frac{2m_i}{\delta_i(\delta_i - 1)} \quad (2.5)$$

平均聚类系数表示网络中三角形的密度。许多真实的网络具有较大的聚类系数和较小的平均路径长度。

4. 社团

研究发现社交网络具有社团结构,即整个网络是由若干个群或团构成的[3]。社团内部节点之间的连接相对密集;社团之间的连边与社团内相比相对稀疏。如图 2.1 所示,图中网络可以划分成 4 个社团结构,可以清楚地看出,这些社团内部的节点联系非常紧密,而社团之间的节点连接要稀疏

很多。尽管研究人员提出了许多社团挖掘算法，社团结构目前仍没有统一的定义。常见的定义有两种：一种是基于网络节点的相对连接频数；另一种是以网络连通性作为评判标准。不同的划分方法对同一网络进行社团划分可能得到不同的结果。

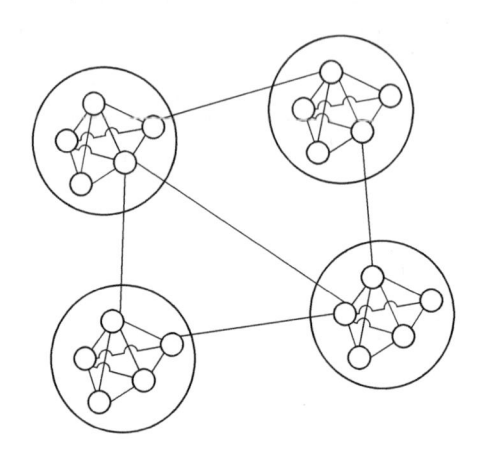

图 2.1　网络社团示意图

5. 小世界效应

若对于固定节点平均度的网络，平均路径长度 $<l>$ 随网络中节点数 N 的增加呈对数增长，且网络的局部结构仍有明显的集团化特征，那么便称这个网络具有小世界效应[4]。有学者给出了小世界现象的另一种定义：如果网络的聚类系数远大于随机网络，而平均路径长度与随机网络相当，则称该网络具有小世界效应。小世界效应是指一种现实网络中普遍存在的结构特性，反映了社会网络中人与人之间咫尺之遥的特点。

6. 无标度特性

无标度特性是指网络中度分布呈现幂律分布的规律。幂律分布的尾部下降很慢，BA 无标度网络便是无标度特性的典型例子。

以上介绍了一些社交网络普遍具有的典型特性，而这些特性既可以单独存在，也可以组合存在。正是这些特性的存在引起网络结构的不同，导致信息传播模型的多样化。

2.1.2 社交网络著名理论

20世纪60年代,社会心理学家斯坦利(Stanley)设计并进行了一个连锁信件实验。他将写有指定人名字的信件随机发给160人,要求收到信件的人将信再次转发给他认为自己比较靠近信内指定名字人的朋友,依次继续转发,最终大部分信件在经过五到六个人的中转后到达了指定人手中。这就是著名的六度分割理论的实验,它揭示了现实生活中的一个普遍现象,即世界上任意两个人最多通过六个人就能建立联系。该理论促进了现实社会关系的发展,使网络上各种应用的构建更加人性化和社会化。

另一个社交网络的著名理论是牛津大学的人类学家邓巴(Dunbar)依据猿猴和社交网络两方面的分析提出的150法则。该法则指出人类的有效社交关系(亲密关系的好友)最多有150人。那么,一个人传递的某条消息就可能会影响到150人,并且逐渐扩散。这给分析研究社交网络上的信息传播行为提供了有效的素材和良好的基础。

2.2 社交网络信息传播基本理论

社交网络是一种社会性结构,由社会个体集合及社会个体之间在信息网络上的连接关系构成,包括关系结构、网络群体和网络信息三个要素。基于社交网络的信息传播是指社交网络中的个体与个体之间、个体与群体之间、群体与群体之间的信息传递。随着互联网深入人们生活的每一个角落,在线社交网络已经成为人们信息创建、获取和传播的重要平台。

社交网络的信息传播是一种基于拓扑结构的传播,网络信息沿着用户之间的关系进行传播扩散,与其他传播模式不同,信息的传播有着明显的本质特征。例如,信息传播具有记忆性,而疾病传播没有;信息传播具有社会加强作用,而疾病传播没有。学者们研究发现了信息传播的一些特点:

信息传播活跃性一般随时间的增加而快速减弱；信息传播过程中不同类型的边传播能力和传播模式都有可能不同；信息传播能力受信息内容的影响较大，每次传播激活的有效网络可能不同；信息传播中不同传播者的角色存在性质上的差异；信息传播具有记忆效应，故相关信息的接触史会对当前决定产生影响；信息传播具有社会加强作用，如一个信息同时从多个地方听到，其说服力要高于从一个地方听到的两倍；信息传播中一条路径一般只使用一次。综上所述，在对信息进行传播控制研究时，要充分考虑信息传播的多种特征。

随着社交网络的发展，信息传播模型的研究受到了学者们的广泛关注。在流行病学领域，对复杂系统中传染病传播过程的研究一直没有间断，并取得了许多成果。考虑到信息传播的复杂性，需要深入研究设计更适合的模拟信息传播的实验模型。一方面，考虑社交网络规模庞大，网络更新和传播速度更快；另一方面，考虑用户类型和消息类型更加多样且传播规则也各不相同。

信息传播过程的研究需要关注两个方面问题。一是结构方面。网络的拓扑结构是怎样的，即用网络图描述出网络中各节点间的相互影响关系。二是动态变化方面。传播速率是如何演变的，即在一段时间内接收某条消息的节点数量的变化。考虑到网络中的一个节点是否可以被某条信息激活是描述传播过程的基本方法，传播过程可以看作节点连续激活的序列。这里，激活序列是指网络中的一组有序节点序列，而决定节点顺序的是节点被某条信息激活的时间。研究社交网络信息传播的模型主要可以分为以下几类。

（1）传染病模型。

顾名思义，传染病模型最初应用于对传染病的模拟和研究，根据其传播性有三种基本的也是最经典的模型，分别是 SI（susceptible-infected）模型[5]、SIS（susceptible-infected-susceptible）模型[6] 和 SIR（susceptible-infected-removed）模型[7]。由于传染病扩散和信息传播的本质联系，传染病模型可以应用到一些信息传播研究中。传统的研究传染病传播的房室模型及其变形都可用来研究网络上的信息传播。以上三种经典的传染病模型都可以用于信息传播的建模。如图 2.2 所示,在 SI 模型中,节点有两种状态:S 表示易感状态,I 表示已感状态。在某一时刻 t,如果易感状态节点 v 的邻居中存在已感节点,那么在 $t+1$ 时刻,节点 v 将以概率 p 变成已感状态。在 SIS 模型中,节点仍有两种状态:S 表示易感状态,I 表示已感状态。在某一时刻 t,如果易感状态节点 v 的邻居中存在已感节点,那么在 $t+1$ 时刻,节点 v 将以概率 p 变成已感状态;同时,如果节点 u 是已感节点,那么在 $t+1$ 时刻,节点 u 将以概率 q 变回易感状态。在 SIR 模型中,节点除了有上述两种状态外,还有第三种状态 R,表示恢复状态,即个体受到传染病感染后被治愈且具有免疫力,不会再次被感染也不会感染别人。

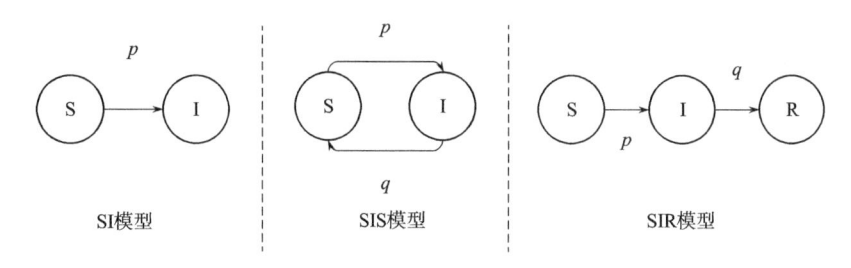

图 2.2 三种经典传染病模型节点状态转换图

用传染病模型模拟信息传播过程时,设定易感状态表示个体尚未收到所指信息或收到但没有传播该信息,已感状态表示个体收到且传播了所指信息,恢复状态则指个体传播一段时间信息后对所指信息失去兴趣并不再传播。通过不同状态节点间的相互作用,节点的状态会发生变化,从而信息在整个网络中传播扩散开来。

(2)马尔可夫(Markov)随机场图模型。

将收敛时网络的最终状态模拟为相互独立的随机变量的集合是一种模拟行动演化的方法,这可以通过将网络中每个节点的行动模拟为一个马尔可夫随机场来实现。一个马尔可夫网络或马尔可夫随机场是一个无向的图模型[8-9],它表示一个随机变量集合的联合分布。马尔可夫网络中的每一个节点表示一个变量,每一条边表示变量间的相关性。对于一个社交网络,针对每个节点 v,定义一个布尔变量 X_v,该变量对应于节点 v 是否传播某信息：如果 v 传播了信息，X_v 为 1；否则为 0。这些变量形成了一个马尔可夫网络，网络中边的结构与消息传播的网络一致。

(3) 阈值模型。

阈值模型的一个简单例子是线性阈值模型。模型中每个节点 v 对它的每个邻居节点 u 都有一个非负的权重 $w_{u,v}$，其中 $\sum_{u \subset N(v)} w_{u,v} \leq 1$，并且存在一个与个人相关的阈值 θ_v。因此，在 t 时刻当且仅当满足式（2.6）时，每个没有传播信息的节点 v 在时间 $t+1$ 传播信息，而在 t 时刻传播信息的节点在 $t+1$ 时刻保持传播状态。

$$\sum_{u \subset N(v)} w_{u,v} X_{u,t} \geq \theta_v \qquad (2.6)$$

其中，$w_{u,v}$ 表示节点 v 被邻居节点 u 影响的权重大小；θ_v 表示节点 v 在它的邻居节点传播信息的情况下其个人传播的倾向大小。阈值模型的特点是存在一个阈值，只有当与邻居节点状态相关的某些变量超过阈值时，该节点才会改变状态。

(4) 级联模型。

受相互作用粒子系统研究的启发[10]，戈登伯格（Glodenberg）等在营销背景下提出并研究了传播的级联模型[11-12]。在该模型中，当一个个体变得活跃后会以一定的概率激活它的不活跃邻居。独立级联模型是级联模型的一个简单例子，在该模型中，每个初始激活节点会产生自己独特的传播级联，级联之间互相独立，互不干扰。模型中一个个体被一个最近活跃的邻居激活的概率独立于过去试图激活它的邻居。

(5) 博弈模型。

博弈模型的核心是用户以自身利益最大化为目标来决定自己的行为[13]。博弈模型中个体是否传播某信息是由该个体本身利益的大小决定的，即当一个个体接收到某信息时，它会根据自己可获得的最大利益作出选择。局部相互作用博弈将两个参与人的博弈扩展到网络中的多人博弈。在这种情况下，一个参与者与其一个邻居的收益矩阵见表 2.1。如果参与者与其邻居均选择策略一，二人都可以获得收益 A；如果参与者与其邻居均选择策略二，二人都可以获得收益1-A。这个参与人的总收益是其与每一个邻居博弈收益的总和。

表2.1 协调博弈的收益矩阵

	策略一	策略二
策略一	A, A	0, 0
策略二	0, 0	1-A, 1-A

2.3 社交网络信息传播控制基本理论

对网络中信息的传播进行有效控制是社交网络研究领域的一项重要工作。通过对社交网络中的信息传播进行控制，可以达到促进信息传播或者抑制信息传播的目的。

2.3.1 信息传播控制基本方法

优化控制方法考虑了传播的动力学特性，将传播的动力学方程纳入分析当中，从传播过程角度对传播进行控制，通过改变传播率和恢复率等参数的大小，达到控制整个传播结果的目标，是一种有效的信息传播控制手段。

节点免疫是控制传播的经典手段，它基于疾病传播的机理。免疫最初是指对部分人群采取隔离、注射疫苗等措施，它对于传染病防治和抑制有害信息扩散有极为重要的意义。在信息传播领域，节点被免疫意味着这些节点的连边要在网络中删除，使传播的途径大大减少，从而控制传播的速度和范围。根据免疫节点类型的不同，传统的免疫策略主要有以下几种。

1. 随机免疫

随机免疫也称均匀免疫，是随机选取网络中一部分节点进行免疫，免疫节点不会感染，所以它们不会影响它们的邻居[14]。研究表明，随着网络规模的无限增大，无标度网络的传播阈值接近于0，这使免疫临界值趋于1，即表示如果对无标度网络采取随机免疫策略，则需要对网络中几乎全部的节点进行免疫。

2. 目标免疫

目标免疫也称选择免疫，是根据无标度网络的不均匀性，选取少量度大的节点进行免疫[15]。当传播阈值在很大范围内变化时，该方法也可以得到很小的免疫临界值。因此，在无标度网络中目标免疫比随机免疫对传播的控制效果好。然而，目标免疫策略需要了解网络的全部拓扑结构信息，至少需要知道网络中全部节点的度值。

3. 熟人免疫

熟人免疫是从网络中随机选择一定比例的节点，将每个节点的邻居确定为免疫节点[16]。该方法只需要知道被随机选出来的节点，以及它们的邻居节点信息，从而避免了目标免疫中需要获取网络全部信息的问题。同时，在无标度网络中，度大的节点有许多邻居。在选择节点的邻居节点时，度大的节点被选中的概率较大。因此，熟人免疫策略比随机免疫策略的效果好。

以上免疫方法属于群体免疫范畴，作为控制信息在网络中传播扩散的手段，要结合实际情况选择合适的免疫策略。从节点选择的角度，除了随机选择和按度值选择，还可以根据实际情况选择控制网络中的其他重要节点，从而达到控制信息传播的目的。

2.3.2 基于溯源的信息控制方法

在传统的免疫策略基础上，时间推算的方法也是一种有效的信息传播控制方法，主要根据定位感染源头，推算可能的感染者，根据结果采取进一步的控制措施。因此，信息传播的溯源问题亟待解决。信息溯源是在已知部分节点传播了某条新消息后,在采集社交网络中某些用户行为信息的基础上,通过建模对信息传播过程进行分析,发现信息源头并厘清传播脉络的一种技术手段[17]。其研究旨在通过观测到的传播数据,逆向推测潜在的传播源点。常见的传播数据包括网络节点状态、节点首次收到信息的时间及信息来源方向等。

社交网络的高便捷性和强交互性使网络上的信息传播速度呈现出指数型的递增,进而对网络安全性及信息真实性造成一定的影响。因此,信息溯源技术就显得尤为重要。目前中心度测量方法和基于传播模型的网络分析法是信息溯源技术的主要方法[18]。

中心度测量方法的核心是将溯源问题抽象化为一个排序问题。直观上看,传播结果是从传染源出发按一定规律向外扩散形成的,因此传播源是传播结果的中心节点,具有某种中心性。通过某种计算方法,对参与信息传播节点的中心属性进行计算度量,以此确定网络中节点的重要程度。下面列出几种常用的中心度测量方法。

(1) 度中心性:是指网络中与该节点有直接连边的节点个数。图 2.3 是度中心性示意图,节点的度中心性是衡量网络中一个节点重要性的最直接属性。这与人际交往网络的性质一致,即一个人的朋友越多,那么这个人在交际圈中就越重要。所以,度中心性能够直观地显示出各节点在网络中的重要程度。由图 2.3 可以看出,节点 A、B、C、D 具有较大的度中心性。

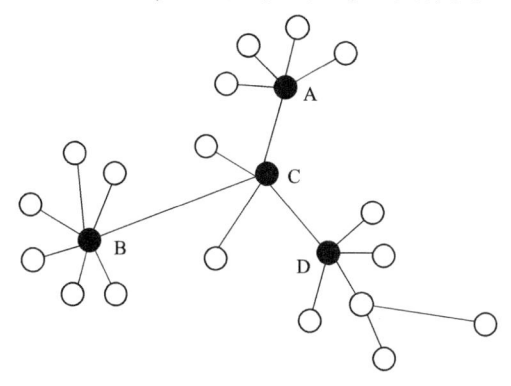

图 2.3 度中心性示意图

(2) 介数中心性：描述的是网络中各节点处于其他节点间最短路径上的程度，用来衡量网络中各节点对其他节点的交互控制能力的大小。例如，一个人在现实的生活圈中有很多好友，很多朋友都要通过他联络别人，那么这个人就具有比较高的介数中心性。所以，他在人际网络中具有较高的重要性。如图 2.4 所示，节点 E 对于信息的传播更重要。

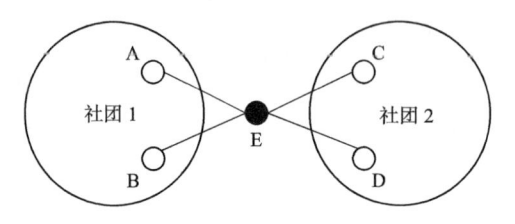

图 2.4 介数中心性示意图

(3) 接近中心性：是指节点与网络中的其他节点间所有的最短路径之和，表现的是网络中的某个节点与其他节点的接近程度。该方法描述了在社交网络的信息传播过程中，一个节点对网络中的其他节点的间接影响力，它距离其他的节点越近，其接近中心性的值越大，那么这个节点在网络中的影响力也就越大。如图 2.5 所示，节点 A、B 具有较大的接近中心性。这种方法更注重信息传播速度，而不是网络连通性。

(4) 特征向量中心性：定义为最大特征值相关邻接矩阵的特征向量[19-20]。节点的特征向量中心性与所有相邻节点中心性值的和成比例。在现实世界中，一个重要节点的特征是它与其他重要节点的连接。如图 2.6 所示，节点 A 和 B 的特征向量中心性最高。

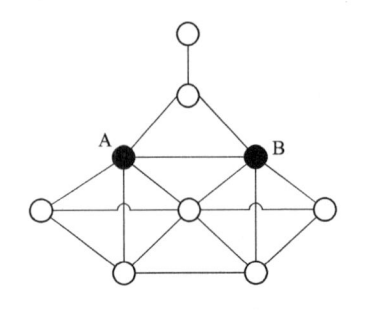

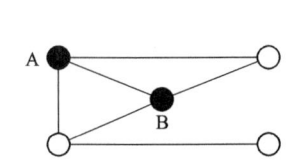

图 2.5 接近中心性示意图　　图 2.6 特征向量中心性示意图

(5) 传播中心性：节点的传播中心性定义为信息从该节点开始进行传播时，感染图中所有的可能被感染顺序的计数[21-23]。传播中心表示具有最大传播中心性的节点。图 2.7 为传播中心性示意图，可以看出节点 A 的传播中心性较大。

(6) 乔丹（Jordan）中心性：节点的乔丹中心性定义为该节点到网络中其他被感染节点的最大距离[24-25]。乔丹中心表示具有最小乔丹中心性的节点。假设图 2.8 中所有节点都被感染，则节点 A、B、C 为乔丹中心性为 3 的图的乔丹中心。同时，乔丹中心的集合等于网络的半径[26]。

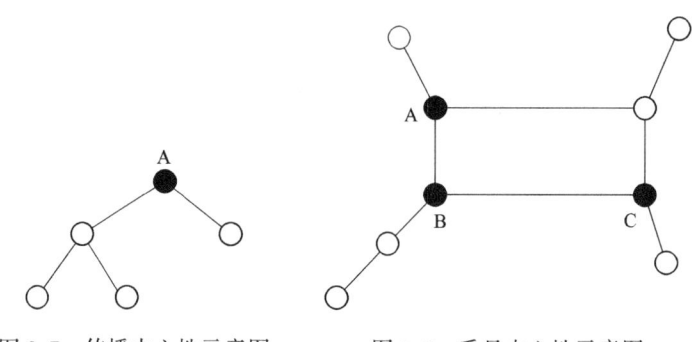

图 2.7 传播中心性示意图　　　图 2.8 乔丹中心性示意图

2.3.3　信息溯源中的观察点部署方法

基于传播模型的溯源方法的步骤是：提前假设信息的传播趋势符合某种模型的传播模式，然后利用某种方法计算进而推理，给出信息传播可能的源点。凡土林（Fantulin）等在假设信息传播符合 SIR 模型的前提下，提出一种基于极大似然估计的统计推理法来进行溯源[27]。张（Zhang）等提出一种基于反向传播与节点分区的信息溯源模型，首先，该方法根据一个反向传播法检测网络中已经恢复的节点；其次，使用分区算法来进行分区；最后，在每个分区中确定源点[28]。实验表明，该方法在随机规则网络上可以取得比较好的结果，能够较准确地发现信息传播的源点及其关键的邻居节点。

任何一种溯源方法都需要对传播过程或结果有一定的了解，要获取传播过程的信息需要付出很大的人力、物力，故好的溯源方法能够通过获取较少的传播信息准确地定位传播源。多数溯源方法是将部分节点的最终状态或状态转换的时间作为溯源工作必需的前提条件，这些节点称为观察点，设置观察点是在传播溯源过程中获取传播过程信息的主要手段。针对不同的溯源方法需要设计不同的观察点部署方法。同样，对于同一个定位方法，不同的观察点部署方法又可能导致不同的定位准确率。根据观察点获取信息方式的不同，常见的观察点部署类型主要有完全观察的观察点部署方法、网络快照的观察点部署方法和部分监测的观察点部署方法三种。

（1）完全观察（complete observation）的观察点部署方法：是指在某一时刻或多个时刻，观测网络中全部节点传播状态的观察点部署方法。这种类型的观察点部署方法需要对网络瞬态状态有全面的了解，获取每一个节点的传播状态。通过这种类型的观察，可以得到足够的信息进行溯源。然而，真实的社交网络往往节点数量庞大、结构复杂，要获得全部节点的传播状态需要付出很多的人力、物力。完全观察的示例如图 2.9 所示。

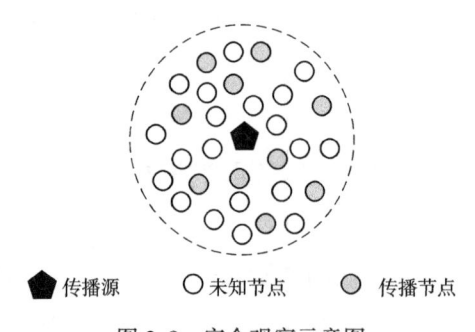

图 2.9 完全观察示意图

（2）网络快照的观察点部署方法：是指需要在一个或多个时刻，观测网络中部分节点传播状态的观察点部署方法。通常，这类方法观测的节点是不固定的，可能是观测所有处于被感染状态的节点，也可能是只观测那些在某一时刻被感染的节点。图 2.10 给出了网络快照的示例。

● 传播源　○ 未知节点　○ 传播节点

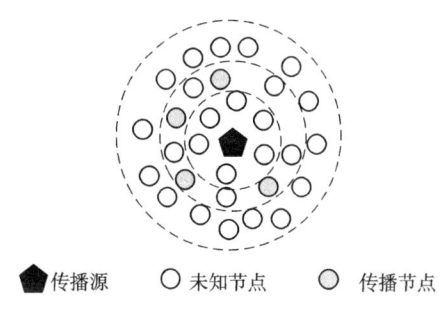

图 2.10　网络快照示意图

（3）部分监测（sensor observation）的观察点部署方法：是指在网络中事先部署一部分节点作为观察点，然后依靠观察点记录的传播数据进行定位的观察点部署方法。观察点可以是网络中原有的节点，也可以是后加入的节点。通常，观察点需要记录自身当前状态、节点状态转换的时间和感染源方向等数据，如图 2.11 所示。

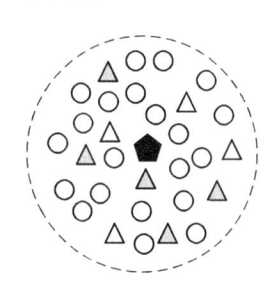

● 传播源　○ 未知节点　△ 监测传播点　△ 监测未知点

图 2.11　部分监测示意图

将三种方法进行对比，前两类方法对传播信息需求大，在大规模网络中存在代价过高的问题。对于节点数目庞大的社交网络而言，观测整个网络中节点的状态或是获取其中某一类节点的网络快照都是很难实现的，并且监测大量节点状态所需要的开销也将是非常庞大的。设置部分监测观察点的方法将观察点监测到的节点状态数据作为输入，从稀疏的传播数据出发推理潜在的传播源，数据需求远低于前两类方法。因此，基于观察点的传播源定位方法较前两种更有优势。

近年来，研究人员在观察点部署策略的研究上也取得了一定的进展。斯皮内利（Spinelli）等提出了在线迭代的部署最佳观察点的方法，以及基于传播延迟方差的最大值和最小值的观察点部署的方法[29-30]。塞利（Celis）等提出基于双重解决集的部署观察点方法[31]。张（Zhang）等基于平托（Pinto）的极大似然估计溯源算法提出了基于覆盖度的观察点部署策略[32]。以上方法都取得了较好的效果，但是事先部署的观察点的数量和质量直接影响溯源的准确性。

2.4 本章小结

本章对本书研究工作中所涉及的社交网络传播及控制领域中的相关理论进行了概述。首先，介绍了社交网络的概念和复杂性特点，给出了网络统计特性的度量指标。其次，概述了社交网络上信息传播的特点和基本的信息传播模型。最后，介绍了主要的信息传播控制方法，给出了基于源点的信息传播控制方法中常用的源点定位方法和观察点部署方法。

参考文献

[1] 胡长军,许文文,胡颖,等.在线社交网络信息传播研究综述[J].电子与信息学报,2017,39(4):794-804.

[2] 郭世泽,陆哲明.复杂网络基础理论[M].北京:科学出版社,2012.

[3] 彭俊.复杂网络的拓扑结构及传播模型的研究[D].西安:西安电子科技大学,2009.

[4] 杜海峰,李树茁,MARCUS W F,等.小世界网络与无标度网络的社区结构研究[J].物理学报,2007,56(12):6886-6893.

[5] BARTHÉLEMY M, BARRAT A, PASTOR-SATORRAS R, et al. Dynamical patterns of epidemic outbreaks in complex heterogeneous networks[J]. Journal of Theoretical Biology,2005,235(2):275-288.

[6] PASTOR-SATORRAS R, VESPIGNANI A. Epidemic spreading in scale-free networks[J]. Physical Review Letters,2000,86(14):3200-3203.

[7] MORENO Y, PASTOR-SATORRAS R, VESPIGNANI A. Epidemic outbreaks in complex heterogeneous networks[J]. The European Physical Journal B: Condensed Matter and Complex Systems,2001,26(4):521-529.

[8] JIANG Z P, HUANG C W. High-order markov random fields and their applications in cross-language speech recognition[J]. Cybernetics & Information Technologies,2015,15(4):50-57.

[9] ABRAMSON N, BRAVERMAN D J, SEBESTYEN G S. Pattern recognition and machine learning[J]. Publications of the American Statistical Association,2006,103(4):886-887.

[10] LIGGETT T M. Interacting particle systems[M]. New York: Springer Publishing Company,1985.

[11] GOLDENBERG J, LIBAI B. Using complex systems analysis to advance marketing theory development: Modeling heterogeneity effects on new product growth through stochastic cellular automata[J]. Academy of Marketing Science Review,2001,9(3):1-19.

[12] GOLDENBERG J, MULLER L E. Talk of the network: A complex systems look at the underlying process of word-of-mouth[J]. Marketing Letters, 2001,12(3):211-223.

[13] 黄启发,朱建明,宋彪,等.社交网络信息传播的博弈模型[J].小型微型计算机系统,2014,35(3):473-477.

[14] ANDERSON R M, MAY R M. Infectious diseases of human: Dynamics and control[M]. Oxford: Oxford University Press, 1992.

[15] COHEN R, HAVLIN S, BEN-AVRAHAM D. Efficient immunization strategies for computer networks and populations[J]. Physical Review Letters, 2003, 91(24):247901.

[16] HOLME P. Efficient local strategies for vaccination and network attack[J]. EPL, 2004, 68(6):908.

[17] PRAKASH B A, VREEKEN J, FALOUTSOS C. Spotting culprits in epidemics: How many and which ones? [C]//Proceedings of the 2012 IEEE 12th International Conference on Data Mining, Brussels, Belgium, 2012:11-20.

[18] JIANG J, WEN S, YU S, et al. Identifying propagation sources in networks: State-of-the-art and comparative studies[J]. IEEE Communications Surveys & Tutorials, 2017, 19(1):465-481.

[19] BONACICH P. Power and centrality: A family of measures[J]. American Journal of Sociology, 1987, 92(5):1170-1182.

[20] NEWMAN M E. The mathematics of networks[M]//The New Palgrave Encyclopedia of Economics. Basingstoke, U. K. : Palgrave Macmillan, 2008, 2:1-12.

[21] SHAH D, ZAMAN T. Rumor in a network: Who's the culprit? [J]. IEEE Transactions on Information Theory, 2011, 57(8):5163-5181.

[22] SHAH D, ZAMAN T. Detecting sources of computer viruses in networks: Theory and experiment [J]. ACM Sigmetrics Performance Evaluation Review, 2010, 38:203-214.

[23] SHAH D, ZAMAN T. Rumor centrality: A universal source detector[J]. ACM Sigmetrics Performance Evaluation Review,2012,40(1):199-210.

[24] HAGE P, HARARY F. Eccentricity and centrality in networks[J]. Social Networks,1995,17(1):57-63.

[25] DEKKER A H. Centrality in social networks: Theoretical and simulation approaches[C]//Proceedings of the Simulation Technology & Training Conference 2008, Melbourne, Australia,2008:12-15.

[26] MIURA K, TAKAHASHI D, NAKANO S, et al. A linear-time algorithm to find four independent spanning trees in four-connected planar graphs[C]//Proceedings of the 24th International Workshop on Graph-Theoretic Concepts in Computer Science,1998:310-323.

[27] ANTULOV-FANTULIN N, LANCIC A, STEFANCIC H, et al. Statistical inference framework for source detection of contagion processes on arbitrary network structures[C]//Proceedings of the 2014 IEEE Eighth International Conference on Self-Adaptive and Self-Organizing Systems Workshops, London, UK: IEEE,2014:78-83.

[28] ZANG W Y, ZHANG P, ZHOU C, et al. Discovering multiple diffusion source nodes in social networks[J]. Procedia Computer Science,2014,29:443-452.

[29] SPINELLI B, CELIS E L, THIRAN P. Back to the source: An online approach for sensor placement and source localization[C]//Proceedings of the 26th International World Wide Web Conference(WWW), Perth, Australia,2017.

[30] SPINELLI B, CELIS L E, THIRAN P. Observer placement for source localization: The effect of budgets and transmission variance[C]//Proceedings of the 54th Annual Allerton Conference on Communication, Control, and Computing, Alabama, USA,2016.

[31] CELIS L E, PAVETIC F, SPINELLI B, et al. Budgeted sensor placement for source localization on trees[J]. Electronic Notes in Discrete Mathematics, 2015(50):65-70.

[32] ZHANG Y B, ZHANG X Z, ZHANG B. The observation point department and agency method for social network information source location[J]. Journal of Software, 2014(12):2837-2851.

第 3 章
基于竞争策略的信息传播控制方法

随着脸书（Facebook）、微信、推特（Twitter，现改名为 X）等在线社交软件的流行，通过网络的在线交流方式逐渐受到人们的青睐。使用社交软件交流的及时性与便捷性使信息传播的速度和范围快速增长[1]，进而促进了公众舆论的形成。其中，正面的公众舆论是正确的、有益的，促进社会更加稳定；负面的公众舆论是虚假的、非官方的[2-3]，它可能影响金融市场[4-6]，引起社会动荡。归根到底，正面舆论和负面舆论的本质都是以信息传播为特征的一种集体行为。在线网络上传播信息的低成本和低惩罚性导致大量信息的涌现。网络的互动性、开放性使信息在网络传播比在传统媒体传播具有更强的大众性和普遍性。因此，对网络舆论的监督需要更大的力度和广度。同时，为了控制和引导舆论良性发展，减少社会舆论潜在的负面影响，有必要分析信息传播的内在机制，研究其规律和特征[7]，从传播模型的角度出发对传播范围和传播速度进行控制。

当一条信息在网络中传播时，往往伴随有互斥的信息在同时传播[8]，而信息的传播速度和传播范围受到互斥信息的影响。对多信息竞争传播的动力行为的模拟过程可以体现出互斥信息对原信息传播范围的控制情况。基于此，研究人员提出了针对多信息同时传播的传播模型[9-11]。社交网络上的竞争性信息传播现象再现了个体面对同一社会事件的多重选择问题，近年来引起了人们的高度关注。揭示竞争信息的传播模式有助于应对当前的一些重大挑战，有助于了解与分析同时传播的真相和谣言的传播情况[8,12]。

其中，一个典型的例子就是美国总统选举，竞争性信息在脸书、推特等大型社交网络上扩散的结果将直接影响选举结果[13-14]。特尔佩夫斯基（Trpevski）等提出了具有固执和完全不对称偏好的竞争 SIS 模型[8]，其中竞争谣言满足交叉免疫，个体在同时得知两种谣言时总是选择谣言 1。随着在线社交网络数据的开放和计算能力的发展，学者们试图探索传染病模型无法精准描述的信息传播特质，从而形成更接近现实的信息传播模型[9]。格利森（Gleeson）等将竞争诱导的临界性引入流行度中，成功验证了在经验数据中观察到的流行度幂律分布[10]。社交网络多信息传播模型的逐步改进与完善，为制定基于竞争信息的信息传播的控制策略奠定了基础。

然而，以上对互斥信息竞争传播的动力学研究，从易感染个体到感染个体的感染率大多是固定的，并且节点的状态改变不受其他网络节点的影响，不能很好地反映出信息传播过程中各邻居间的相互影响。

本章从博弈论角度出发提出多信息的博弈传播模型，针对基于竞争策略的传播控制问题，以两条互斥信息的竞争传播为例，运用演化博弈理论，提出一种互斥信息在社交网络中的竞争传播模型。该模型依据策略选择原理设计各节点的策略集和策略更新规则。此研究意在通过模拟互斥信息的竞争传播来实现互斥信息间传播结果的相互影响，从而控制和引导信息的传播结果，实现抑制虚假信息传播的目的。

3.1 博弈论基本理论

博弈论是关于参与者之间策略相互作用的理论[15]。在实际应用中，常常遇到这样的情形：若干具有独立决策能力的自主个体，互相存在利益关联或冲突。博弈论通过建立适当的数学模型，分析、预测和干预自主个体在利益相关情形下的决策行为。例如，博弈论可以用于模拟和分析信息在网络中的传播行为，网络中的节点被视为博弈的参与者，节点对于指定信息选择传播与否的过程被视为节点的策略选择过程。在长期的发展历程中，博弈论形成了基于完全理性个体假设的经典博弈论和基于有限理性个体假设的演化博弈论两种研究方法。

3.1.1 经典博弈论

1944 年，约翰·冯·诺依曼（John von Neumann）和奥斯卡·摩根斯特恩（Oskar Morgenstern）发表的著作《博弈论与经济行为》，为博弈研究奠定了坚实的理论基础并开启了博弈论研究的序幕。

博弈论为解释自私个体之间的交互行为提供了理论框架。一般来说，一个博弈模型由三个要素组成：决策个体即参与者集合、每个参与者所能采取的策略集合和每个参与者的收益函数。其中，用以刻画个体收益如何受其自身策略及其他个体策略影响的收益函数是刻画个体之间关联与冲突的核心要素。博弈的定义如下。

定义 3.1 （策略博弈）博弈是一个三元组 $\varGamma = (V, \{S_i | v_i \in V\}, \{U_i | v_i \in V\})$，其中 $V = \{v_1, v_2, \cdots, v_n\}$ 为决策个体集合，S_i 为个体 $v_i \in V$ 的策略集合，$U_i: \prod_{v_j \in V} S_j$ 是个体 $v_i \in V$ 的收益函数。

根据决策个体集合和策略集合的性质，博弈可以分为不同的类型。根据决策个体数量，策略博弈可分为两人博弈和多人博弈。只有两个参与人（即 $n=2$）的博弈称为两人博弈；而有多个参与人（即 $n>2$）的博弈称为多人博弈。根据策略集合特性，可将博弈分为有限策略博弈和连续策略博弈。当每个独立个体的决策集具有有限个元素时，这个博弈称为有限策略博弈，只有两个策略（即 $|S_i| = 2, \forall v_i \in V$）的博弈称为两策略博弈。当某个个体的策略集为连续集合时，这个博弈为连续策略博弈。若 $s_j \in S_i$ 表示个体 $v_i \in V$ 的第 j 个可选策略，令 λ 表示个体编号的任意一种变换，如果个体的收益满足：

$$U_i(s_1, s_2, \cdots, s_n) = U_{\lambda(i)}(s_{\lambda(1)}, s_{\lambda(2)}, \cdots, s_{\lambda(n)}) \tag{3.1}$$

则称这个博弈为对称博弈[16]。在对称博弈中，一个策略所产生的收益取决于与它交互的其他策略。

通常两人多策略对称博弈可以用一个收益矩阵来表示。具体地说,对于一个具有 M 个策略的两人对称博弈,如果令 u_{ij} 表示采取策略 i 的个体与采取策略 j 的个体交互时采取策略 i 的个体所能得到的收益,其中,$i,j=1,2,\cdots,M$,那么这个两人多策略博弈可以由式(3.2)所示收益矩阵表示:

$$U = \begin{pmatrix} u_{11} & \cdots & u_{1M} \\ \vdots & \ddots & \vdots \\ u_{M1} & \cdots & u_{MM} \end{pmatrix} \quad (3.2)$$

1950年,美国数学家纳什(Nash)提出了博弈论的一个重要概念——纳什均衡[17],即当参与博弈的两人或多人在纳什均衡状态下,没有个体可以通过单方面地改变自己的策略而获得更高的利益。如果均衡态只允许采取纯策略,则称为纯策略的纳什均衡;否则称为混合策略的纳什均衡。

3.1.2 演化博弈论

在经典博弈论中,参与博弈的个体往往被假定是完全理智的,且具有完全信息。然而,在真实的应用场景中,往往很难满足参与个体的完全理性和完全信息假设。为解决此问题,演化博弈论应运而生。演化博弈论放弃了上述两个关于参与人的基本假设,转而利用生物进化理论中的自然选择、突变等机制来分析和预测参与人的策略演化过程与动态平衡[18-19]。

演化博弈论起源于对生态现象的解释,它的核心是群体博弈中的群体状态随时间变化的动态过程,通过群体状态的演化来解释和预测群体在博弈中的决策行为[20]。

一个演化博弈模型包括群体博弈及群体状态更新两个主要部分[21],如图3.1所示。

(1)演化博弈模型以一个群体作为研究对象,群体中由若干不同类型(即策略)的个体组成。不同类型的个体通过相互交互(由群体博弈刻画)、相互竞争(由策略更新规则刻画)生成下一代群体。

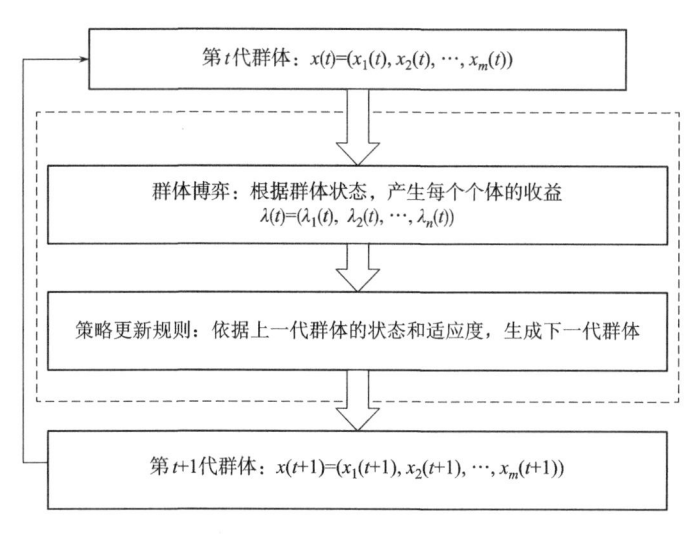

第3章 基于竞争策略的信息传播控制方法

```
第t代群体: x(t)=(x₁(t), x₂(t), …, xₘ(t))
       ↓
群体博弈: 根据群体状态, 产生每个个体的收益
       λ(t)=(λ₁(t), λ₂(t), …, λₙ(t))
       ↓
策略更新规则: 依据上一代群体的状态和适应度, 生成下一代群体
       ↓
第t+1代群体: x(t+1)=(x₁(t+1), x₂(t+1), …, xₘ(t+1))
```

图 3.1 演化博弈模型组成成分图

（2）群体博弈刻画了群体内不同类型个体之间的相互依赖和相互影响。每个个体在当前的群体状态下，通过群体博弈获得一定的收益。这个博弈收益决定了每个个体的适应度。

（3）策略更新过程描述了个体之间的竞争关系。依据每个个体的适应度，在选择、突变或模仿等作用下，一些适应度较低的个体被淘汰，而一些适应度较高的个体则产生更多的复制体，从而改变了群体中不同类型个体的组成比例，产生新的群体状态。

（4）新的群体状态取代原来的群体状态，进行下一轮的博弈与更新，不断迭代，形成一个动态演化过程。根据动态演化过程最后的平稳状态可以得出群体在博弈中的策略选择等结果，用于分析和预测真实博弈中群体的决策过程。

基于群体的规模，演化博弈论可以分为有限群体上的演化博弈论和无限群体上的演化博弈论两种。有限群体演化博弈中，群体数目有限，以采取各策略的个体数目作为群体状态，群体状态的演化过程由随机性策略更新过程刻画，群体策略的偏好由对应随机过程的吸收概率或平稳分布刻画。无限群体演化博弈中，群体数目无限，以各策略在群体中所占比例为群体状态，群体状态的演化过程由确定性微分方程描述，群体对策略的选择由对应动力学的平衡态刻画。

3.1.3 网络演化博弈论

在传统的演化博弈理论中通常假设所有个体相互接触。然而，现实情况中个体仅与周围的少数其他个体接触。对此，复杂网络理论恰好为描述博弈个体之间的博弈关系提供了方便有效的系统框架，即种群中个体的接触及相互影响关系用网络的方法来描述，网络中的每个节点表示一个个体，网络中节点间的连边表示个体之间的相互作用关系。网络中的所有个体在每一轮博弈过程中都会根据博弈模型中设定的机制进行交互，且所有节点会根据统一的演化规则进行各自策略的更新。

网络演化博弈的基本思想为：每一轮博弈，每个个体与其每个邻居个体按照一定的博弈机制进行一轮博弈，即个体 i 按照一定的方式选择一个邻居节点 j 比较两者的收益，并根据一定的规则确定是否在下一轮博弈中采用邻居节点 j 在本轮的策略。考虑一种随机策略演化规则——费米准则[22]：假设在每一轮博弈中，个体 i 会随机选择一个邻居节点 j，并比较二者的 t 轮收益；$t+1$ 轮中 i 采取 j 本轮策略的概率可由费米函数求得

$$p_{i \to j}(t+1) = \frac{1}{1 + \exp[(U_i(t) - U_j(t))/\varepsilon]} \quad (3.3)$$

其中，$U_i(t), U_j(t)$ 是在 t 轮博弈后个体 i, j 的收益；参数 ε 为环境的噪声因素，用来描述个体 i 的非理性选择行为，此参数也可用来刻画个体在策略选择时的不确定性。费米函数表达的具体含义为，如果本轮博弈中个体 i 的收益比邻居个体 j 的小，那么个体 i 采纳邻居个体 j 策略的可能性就很大；如果节点 i 的收益比邻居节点 j 的大，那么节点 i 采纳邻居节点 j 的策略的概率将会非常小。

复杂网络上的演化博弈动力学主要研究的问题包括策略集的选取、相互作用邻居的设定、策略更新动力学的选取。不同类型的博弈具有不同的

策略集。例如，在经典的囚徒困境博弈中策略集包含两个策略，分别是坦白和拒绝；在石头剪子布博弈中包含三个策略，分别是石头、剪子和布。通常假设个体只与其直接邻居交互并且学习它们的策略，这些直接邻居即拟设定的相互作用（策略学习）邻居。策略的更新可以是同步的，也可以是异步的（即随机序列更新）。不同的更新方法可能导致不同的演化结果。

3.2 基于演化博弈论的多信息竞争传播问题分析

近年来，利用复杂网络理论建立合理的社交网络模型，定量研究信息传播过程已成为信息传播控制领域的一个研究热点[23-28]。研究人员将复杂网络理论和信息传播的特点相结合，对信息在社交网络中的传播过程进行建模，提出了一些方法来模拟网络中信息传播的真实过程，从而发现了信息传播的很多性质和特点。这类方法首先将社交网络用图表示，其中每个节点代表一个用户或一个个体，边表示个体之间的关系；其次选择一些节点作为源点，通过建立的网络图模拟传播过程（即收到信息的节点会根据某些具体规则决定是否将收到的消息传递给它的邻居）。

在信息传播过程中，接收信息的个体是否会将接收到的信息传递出去，与传递信息个体的社会影响力有密切的关系。因此，对社会影响力的衡量将会影响网络中个体的决策和行为。线性阈值模型和独立级联模型[29]这两种传播模型可以用来衡量社会影响力。然而，现有的模型大多关注对静态网络结构的影响传播分析和最具影响力个体的子集发现。进一步研究发现，博弈论中的策略选择思想可以用来解决上述问题。策略选择通过所有个体的动态策略更新过程为网络演化博弈论提供了一个解的概念。具体来说，在信息传播的场景下，网络个体（即决策个体）考虑不同的邻居的影响力大小并结合自身对信息的信任程度作出认为最有益于自己的策略选择。在博弈论方法中，每个节点必须在给定的步骤中选择一个策略，此处"策略选择"意味着个体选择是否传播信息。如果一个个体基于与邻居的互动而认可了某条信息,它就会选择传播这条信息;否则,它就会保持沉默。很明显,个体的策略受到邻居行为的影响[30]。因此,信息传播的结果是由网络中每个个体所选择的策略共同决定的。有研究表明,博弈论为分析理性决策者之间的战略互动提供了数学模型[31-34]。例如,孙(Sun)等利用博弈论研究了一个知识传播模型[35]。在博弈论中,人们通常假设个体表现出完全理性并拥有完全信息[32]。诺瓦克(Nowak)和梅(May)分析了二维正方形格点重复囚徒困境对策[36],从而首次引入了空间结构演化对策。演化博弈论将博弈论与动态演化过程相结合,并关注重复博弈中表现出有限理性的个体如何通过自适应学习来优化其收益[37]。里尔(Riehl)和曹(Cao)研究了网络上演化博弈的控制[38],其中每条边代表相邻主体之间的两方重复博弈。从本质上讲,基于复杂网络的信息传播过程是由每个参与者的博弈过程来表示的[39-41]。与其他传播行为相比,信息传播是由博弈参与者决定的。因此,博弈的参与者分为信息传播者和信息接收者。随着时间的推移,每个参与者都会和它们的邻居进行博弈并更新策略,以最大化它们的收益。

网络演化博弈论为模拟信息的传播过程提供了一个有效的框架。已有研究人员考虑了复杂的网络知识,将博弈论应用于传播模型的设计,提出了一些模拟真实网络信息传播过程的方法。蒋(Jiang)等提出了一个演化博弈理论框架来建模社交网络中动态信息扩散过程[42]。李(Li)等根据演化博弈框架研究谣言扩散过程[43],其研究表明,惩罚度大节点是减少谣言传播的一种有效措施。约翰拉嘎达(Jonnalagadda)等提出了一种基于演化博弈论的社区发现算法[44]。克尔曼尼(Kermani)等使用演化博弈论来识别信息传播中最具影响力的节点[45]。依特萨密(Etesami)等研究了一类被称为扩散博弈的博弈[46],它模拟了一组社会参与者在一个无向的社交网络上的竞争行为。

目前大多数基于演化博弈论的信息传播研究都集中在单一信息传播的场景上[47-48]。在现实世界中,多信息传播的现象非常普遍。然而,多信息的传播行为比单一信息的传播行为更为复杂[49]。因此,如何应用演化博弈理论有效地模拟多条信息的竞争传播过程,研究其内在特点和规律,进而控制信息传播的速率和范围是一个需要研究的课题。当一条信息在网络上传播时,通常会同时存在针对相同主题的一条或多条互斥信息。这两类互斥信息在传播的过程中互相影响、互相竞争,争夺各自的信任者。在这种情况下,每一条信息的存在都会对其他信息的传播范围和速度有一定程度的影响。所以,在一条信息传播时引入一条互斥信息,互斥信息的传播会对原信息的传播范围有抑制的作用。

综上所述,网络上的信息传播过程本质上就是每对相邻节点针对收益的博弈过程。在这个过程中,信息的传播节点和接收节点是博弈的参与者。在每一个时间步 t,每个参与者都与它的网络邻居进行博弈,以最大化自身收益为目标,更新各自的策略。随着时间的推移,网络达到稳定状态。因此,用网络演化博弈论思想来分析和模拟多信息在网络上的竞争传播行为是一种可行的方法。

3.3 基于竞争信息的传播控制方法设计

本节利用演化博弈论思想构建一个模型,用来模拟两条竞争信息的博弈传播行为,以表示竞争信息对一条信息传播的影响控制情况。

3.3.1 网络构建

现实生活中,当一条谣言(负面信息)出现时,权威机构可能会发布相应的辟谣信息(正面信息)来抑制谣言的扩散和减小负面影响范围。在这种情况下,关于一个话题的正面信息(S_1)和负面信息(S_2)同时在网络中传播,并彼此竞争。在同一时刻,每个参与者只能相信 S_1、S_2 中的一个。这两条信息被称为"互斥信息"。两条或多条信息在社交网络中竞争传播以获得支持者的现象普遍存在。

本章将信息传播的网络设为一个无向无权图，用 $G=(V,E)$ 表示，其中 V 为节点集，E 为边集。N 表示集合 V 中的节点数，M 表示集合 E 中的边数。在两条信息竞争传播的场景中，个体可能的状态分为三种：中立状态（I）、信任信息 S_1 的状态（B_1）、信任信息 S_2 的状态（B_2）。如果一个个体从未听到过任何消息或者听说过但是没有相信和传播任何信息，则该个体处于中立状态（I）。否则，如果某 I 个体在某时刻 t_1 相信并传播了信息 S_1，那么该个体从中立状态转变为 B_1 状态；如果某 I 个体在某时刻 t_1 相信并传播了信息 S_2，那么该个体从中立状态转变为 B_2 状态。一个个体在接收到邻居传播的信息后根据各邻居的收益和自身情况作出是否改变原有状态的判断，网络中各节点的状态转换如图 3.2 所示。

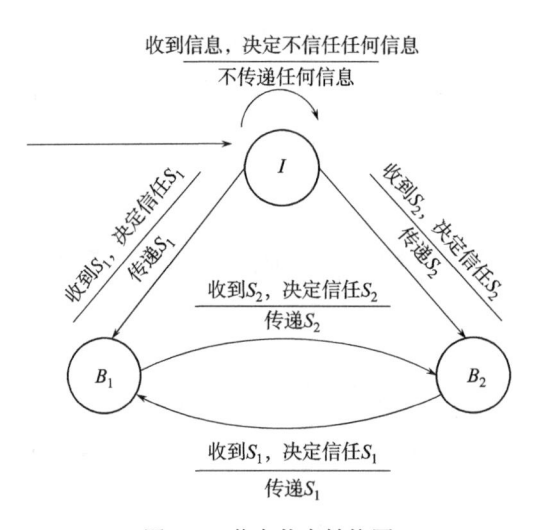

图 3.2 节点状态转换图

值得注意的是，在真实的信息传播场景下，由于社会影响效应，节点在相信了某条信息后也可能改变想法转而相信与其互斥的竞争信息。所以，信任 S_1（状态 B_1）的节点在其他邻居做法的影响下可能会改变看法而变为信任 S_2（状态 B_2）；同理，信任 S_2（状态 B_2）的节点在其他邻居做法的影响下可能会改变看法而变为信任 S_1（状态 B_1）。另外，在对双信息传播博弈的建模过程中，本章假设网络图是简单的，即没有节点与自身相连，也没有平行的边；信息通过传播者与其邻居直接接触传播，即传播者只能将信息传递给它的直接邻居节点。

3.3.2 收益矩阵及效用函数

两条信息的竞争传播可以描述为：初始状态下，两条信息都不存在，即所有个体的状态都是中立状态（I）。在 t_0 时刻，随机选择两个个体分别作为两条信息传播的源点开始传播各自相信的信息，即分别将它们的状态更改为 B_1 及 B_2。t_1 时刻，两个源点的状态改变（即传播了某条信息）被它们的邻居节点得知，各邻居节点会考虑是否传播它们收到的信息。之后在每一个时间步，收到未传信息的节点都会考虑是否改变状态并传播未传信息。此处，未传信息是指在当前时刻节点没有传播的信息，即若节点状态为 I 收到 S_1、S_2 中至少一条信息，或节点状态为 B_1 收到信息 S_2，又或者节点状态为 B_2 收到信息 S_1。这个迭代的过程就是信息传播的过程。通过源点状态的改变和其对其他个体的影响力，信息在网络上传播并扩散开来。图 3.3 为两条竞争信息在网络上传播的示意图。其中，在 t_0 时刻，两条信息同时开始传播，3 号深灰色节点为信息 S_1 的传播源点，6 号浅灰色节点为信息 S_2 的传播源点；在 t_1 时刻，2 号、4 号和 10 号节点接收并传播了信息 S_1，5 号和 7 号节点接收并传播了信息 S_2，此时没有一个节点同时接收到了两条信息，表示两条信息在传播过程中没有相遇；在 t_2 时刻，两条信息在传播过程中相遇，已经传播了信息 S_1 的 10 号节点在接收到 5 号节点传来的信息 S_2 后改变原有做法而相信并传播了信息 S_2；t_3 时刻，为传播结束时各个节点的最终状态。

在真实的场景下，对于每个个体来说，是否传播某条信息是由很多因素决定的，包括个体对这些信息的关注程度、朋友的行为、个体对朋友的信任程度等。一般情况下，个体会选择自认为正确的信息进行传播，传播正确的信息可以提高节点在邻居中的威望。本节以博弈对象采用的不同策略来设计博弈收益矩阵，分别定义三种决定个体状态的策略：个体相信信

息 S_1，状态更新为 B_1，此策略表示为策略 A；个体相信信息 S_2，状态更新为 B_2，此策略表示为策略 B；如果个体 i 不相信任何信息，它会选择策略 C，相应状态为 I。因此，个体 i 的策略可以表示为 δ_i，$\delta_i \in \{A, B, C\}$。

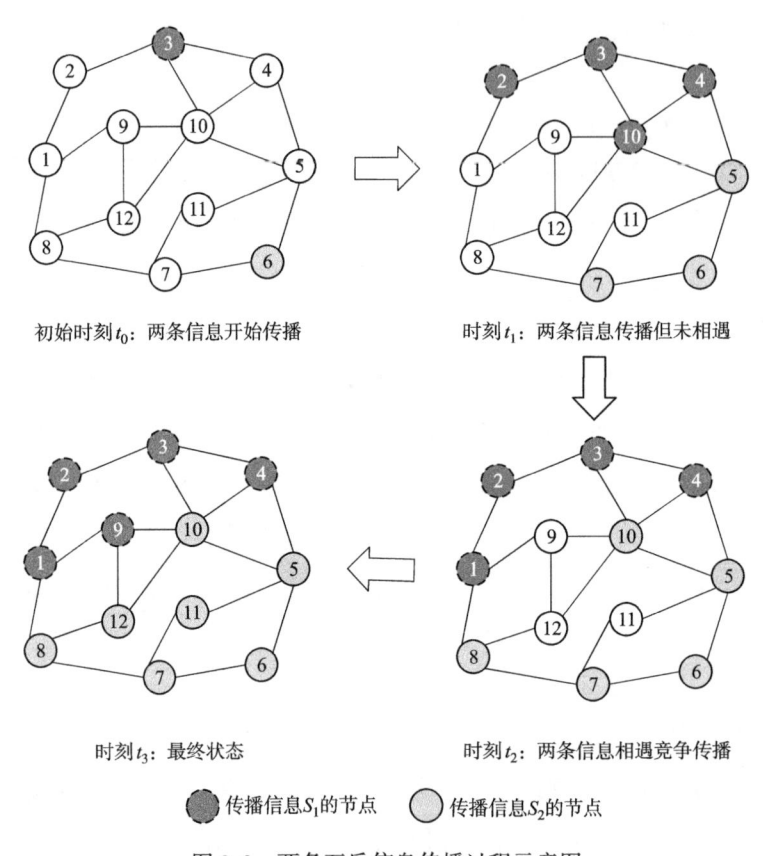

初始时刻 t_0：两条信息开始传播　　　　时刻 t_1：两条信息传播但未相遇

时刻 t_3：最终状态　　　　　　　　　　时刻 t_2：两条信息相遇竞争传播

● 传播信息 S_1 的节点　　○ 传播信息 S_2 的节点

图 3.3　两条互斥信息传播过程示意图

个体选择的策略决定了它的收益。本书中，收益表示一个个体在朋友眼中的威望，用于评估邻居策略对个人策略选择的影响。传播信息会改变个体收益，即传播正确的信息会提高威望，而传播错误的信息会降低威望。此处认为真理掌握在多数人手里，即一个人在朋友中的威望越高，则其从朋友那里得到的支持越多。同理，一个人得到的支持越多，其传递的信息就越有可能是正确的。对应不同的策略，个体的具体收益如下。

（1）当个体选择策略 C，它的策略没有对邻居节点产生影响，即认为它没有从选择策略 C 中获益，则其相应的收益值为零。

（2）当个体选择策略 A 或策略 B，相应的朋友选择策略 C 时，个体会得到一些基本的收益。因为个体选择策略 A 或策略 B 表示其传播了某条信息，而邻居节点在收到了它的信息后虽然没有传播该信息，但是也受到了一定的影响，这对其传播的信息是有利的，故认为其获得了一定的收益。

（3）当个体采用了策略 A 或策略 B，它的朋友也选择了相同的策略时，该个体就会得到更多额外的收益。

（4）当个体采用了策略 A 或策略 B，而它的朋友选择相信互斥信息时，个体不但不会得到收益，而且原本的收益还会减少。个体不断地与每一个邻居进行交互，根据不同的策略获得相应的收益。

各节点具体的收益矩阵见表 3.1。其中，$u_1(u_2)$ 代表选择策略 A（B）的个体的基本收益，很明显，$u_1>0$，$u_2>0$。参数 α_1 表示当朋友和自己选择相信相同信息的策略时，个人获得的奖励的系数。参数 α_2 表示当个体相信某条信息而它的朋友选择相信竞争信息时，个体所受到的惩罚的系数。

表 3.1　个体的收益矩阵

i 的策略	邻居 j 的策略	i 的收益
A	A	$(1+\alpha_1)u_1$
A	B	$(1-\alpha_2)u_1$
A	C	u_1
B	A	$(1-\alpha_2)u_2$
B	B	$(1+\alpha_1)u_2$
B	C	u_2
C	A	0
C	B	0
C	C	0

在整个博弈过程中，每个个体在每一时刻分别与其每个邻居进行成对的交互博弈，此类博弈称为对交互博弈[50]。对交互网络博弈可以由 $\Gamma_g = (G, \{\delta_i(t) \mid i \in V\}, \{g_{ij}(t) \mid i \in V, j \in N_i\})$ 表示，其中，$g_{ij}(t)$ 是节点 i 在

t 时刻与其朋友 j 交互得到的收益，N_i 是节点 i 的邻居集合。社交网络中大多数节点都有不止一个邻居节点，任意一个节点 i 在 t 时刻的总收益由其与每一个邻居进行对交互博弈的结果决定，可由式（3.4）计算得到：

$$U_i(t) = \sum_{j \in N_i} g_{ij}(t) \qquad (i \in V) \tag{3.4}$$

结合本节中两条互斥消息的竞争传播行为中个体收益的具体情况，用式（3.5）表示节点 i 在 t 时刻与其各邻居交互获得的总收益：

$$U_i(t) = \sum_{j \in N_i} g_{ij}(t) = \begin{cases} [k_i + k_{i1}(t) \times \alpha_1 - k_{i2}(t) \times \alpha_2] \times u_1 & (\delta_i = A) \\ [k_i + k_{i2}(t) \times \alpha_1 - k_{i1}(t) \times \alpha_2] \times u_2 & (\delta_i = B) \\ 0 & (\delta_i = C) \end{cases} \tag{3.5}$$

其中，k_i 为个体 i 的邻居数。在 t 时刻，个体 i 有 $k_{i1}(t)$ 个采用策略 A 的邻居，$k_{i2}(t)$ 个采用策略 B 的邻居。

3.3.3 策略更新规则

通常，在传统演化博弈论中节点会随机选择一个邻居进行收益比较，进而决定自己在本轮的新策略。而在信息竞争传播过程中，由于个体 i 是有主观决策性的人，所以个体 i 在选择邻居进行收益比较时一般不是随机选择的，而是遵循一定的规则。随着两条竞争信息在网络中从无到有地开始传播，最初所有的个体都采用策略 C，然后传播源点将自己的策略更改为 A 或 B。在 $t+1$ 时刻，收到未传信息的节点需要决定是否相信并传播接收到的信息，这不仅和节点自身的收益有关，也和传播未传信息的邻居节点有关。不同的邻居对节点的传播力是不同的。例如，对于一个普通学生来说，他的同学告诉他一条信息，同时他的老师告诉他一条相反的信息，那么他一定更容易相信老师告诉他的信息，即老师对学生的传播影响力更大。因此，在博弈演化过程中，当个体选择某个邻居进行策略模仿时，各邻居的传播影响力强弱对其行为选择有着较大的差异[51]。根据前面的分析可知，一般情况下，收益越大的邻居得到的赞同越多、反对越少，进而它在邻居中的威望越大，而威望越大的节点对邻居节点的影响越大。也就是说，收益越大的节点对邻居的影响力越大。所以，本节用 $p^s_{i \to j}(t)$ 表示邻居 j 对节点 i 的传播影响力，并根据邻居节点的收益对其量化，如式 (3.6) 所示：

$$p^s_{i \to j}(t) = \frac{U_j(t) - U_{r^*_i(t)}(t) + \frac{1}{q_u}}{\sum_{r \in N_i}\left[U_j(t) - U_{r^*_i(t)}(t) + \frac{1}{q_u}\right]} \quad (3.6)$$

其中，$r^*_i(t)$ 是 t 时刻个体 i 的所有邻居中收益最小的邻居，可由式 (3.7) 计算得到：

$$r^*_i(t) = \left\{r_i(t) \mid \min_{r \in N_i} U_r(t)\right\} \quad (3.7)$$

考虑到个体对收益的敏感性，式 (3.6) 引入了一个参数 $q_u(q_u > 0)$。它可以放大或缩小个体不同邻居的传播影响能力的异质性。如果 q_u 较大，$p^s_{i \to j}(t)$ 对 $U_j(t)$ 较敏感，这意味着 $U_j(t)$ 的一个小扰动就会导致 $p^s_{i \to j}(t)$ 的较大变化。如果 q_u 较小，$p^s_{i \to j}(t)$ 对 $U_j(t)$ 不敏感，这意味着 $U_j(t)$ 的一个大的扰动才可以导致 $p^s_{i \to j}(t)$ 的一个小的变化。

在按概率 $p^s_{i \to j}(t)$ 选择一个邻居 j^* 后，节点 i 要决定是否信任邻居 j^* 在本轮中的策略并在下一轮中采用。本节采用的方法是将节点 i 和节点 j^* 的收益进行比较。按照式 (3.8) 得到节点 i 在 $t+1$ 轮是否采取邻居 j^* 在 t 轮的策略的概率。

$$p_{i \to j^*}(t+1) = \frac{\exp[-s^2_{ij^*}(t)/w_{ij^*}(t)]}{1 + \exp\{[U_i(t) - U_{j^*}(t)]/\varepsilon\}} \quad (3.8)$$

其中，分母基于费米函数[22]，邻居 j^* 在 t 轮的收益大于个体 i 越多，i 在 $t+1$ 轮采取 j^* 在 t 轮的策略的概率越大。否则，个体 i 更可能保持原来的策略。参数 ε 描述了噪声因素，反映了一个个体在策略更新时的不确定性。$\varepsilon \to 0$ 时，表示个体 i 在决策过程中是完全理性的；$\varepsilon \to +\infty$ 时，表示个体完全随机决策。概率函数的分子为一个指数函数（exp），它表示个体 i 在

时间 t 之前收到其朋友 j^* 在时间 t 相信的信息后不信任的比例。其中，$w_{ij^*}(t)$ 表示个体 i 在时间 t 前收到 j^* 相信的信息的次数。$s_{ij^*}(t)$ 表示个体 i 在时间 t 前收到 j^* 相信的信息时采取不同策略的次数。指数函数是一个增函数，故随着 $s_{ij^*}(t)$ 的增加，$-s_{ij^*}^2(t)/w_{ij^*}(t)$ 值减小，指数函数减小，最终导致整个概率函数减小。因此，式（3.8）表示一个个体 i 模仿所选择的邻居 j^* 策略的概率。演化博弈论研究的是一群参与者如何在一段时间的战略互动后收敛到稳定的均衡状态（ESS）。演化稳定策略是指当个体实施任何少量的突变策略时整个种群状态不会发生较大变化，即受到的影响很小。在竞争信息传播的情况下，通过实验仿真得到 ESS，即每个状态下的节点数量波动很小，则认为系统是相对稳定的。

3.4 仿真实验及分析

第 3.3 节考虑独立个体偏好及邻居节点的影响力，设计节点收益函数，更新博弈策略，给出一种基于对交互博弈的互斥信息传播模型。本节选取四个真实社交网络数据集进行仿真实验，评估引入互斥信息控制信息传播速度和范围的有效性。实验环境是 Intel 2.50 GHz 四核 CPU，8GB 内存，256GB 硬盘，操作系统为 Windows 7 旗舰版，编译环境为 Matlab R2018b。另外，本书所有仿真实验均采用此环境。

3.4.1 数据集的描述

本节实验所用数据来自网络存储库（网站 http://networkrepository.com），它不仅是第一个交互式存储库，也是最大的网络存储库，拥有 30 多个领域（从生物学到社交网络数据）的数千份数据。这些大型综合性的网络数据为各种科学研究提供了很好的数据依据。

本节实验采用的具体数据是某真实社交网络和三个不同地区脸书网络

数据，表3.2为其网络属性，其中，$<\delta>$为网络的平均度，$<c>$为网络的平均聚类系数。为不失一般性，本节只选择了每个数据集网络中的极大连通子图作为实验对象。

表3.2　四个真实网络数据集网络参数的比较

网络	类型	节点/个	边/条	$<\delta>$	$<c>$
网络1（Hamsterster）	无向图	2000	16097	16.097	0.540
网络2（Simmons81）	无向图	1510	32984	43.687	0.325
网络3（Oberlin44）	无向图	2920	89912	61.584	0.263
网络4（Bowdoin47）	无向图	2250	84386	75.010	0.294

3.4.2　实验结果及分析

本节首先分别随机选取0.1%的节点作为两条竞争信息的传播源；其次分别将其状态更改为B_1和B_2，表示有两条相互竞争的信息开始在网络上传播。在按照第3.3节设计的传播模型进行$t=100$轮的博弈传播后，得到传播的结果。其中，假设ρ_I、ρ_{B_1}和ρ_{B_2}分别表示处于I、B_1、B_2状态下的个体平均数量的比例。随着时间的推移，ρ_I、ρ_{B_1}和ρ_{B_2}达到稳定状态，即处于ESS状态。为了避免随机性对实验结果产生影响，本节涉及的实验评测结果均是500次实验的平均值。

为了说明控制信息对原信息传播的控制情况，本节首先给出网络中没有S_2只有S_1在传播，奖励系数α_1不同的情况下ρ_I、ρ_{B_1}和ρ_{B_2}在四个网络中的演化结果，如图3.4所示。其他参数设置为$u_1=0.4$，$q_u=0.1$，$\varepsilon=0.1$。由图3.4可以看出，随着奖励系数α_1的增加，ρ_I减小且ρ_{B_1}增加。具体地说，当α_1的值达到180时，ρ_I、ρ_{B_1}在网络1中的值分别约为0.128、0.872，在网络2中分别约为0.197、0.803，在网络3中分别约为0.203、0.797，在网络4中分别约为0.226、0.774。上述结果表明，在没有控制信息的情况下，α_1的值越大，信息的传播范围越广。

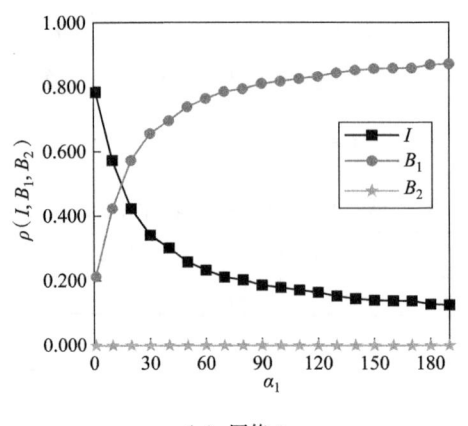

(a) 网络1

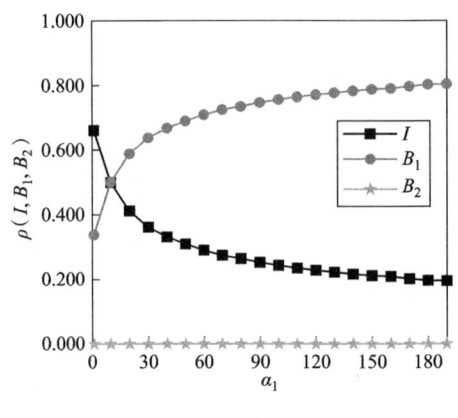

(b) 网络2

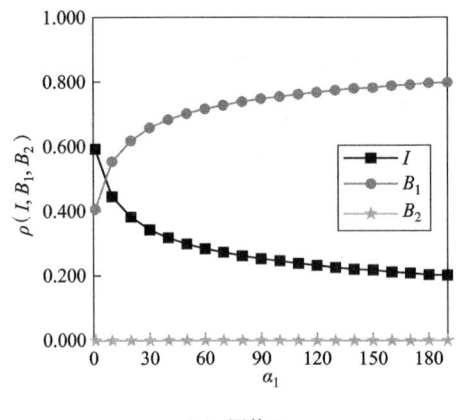

(c) 网络3

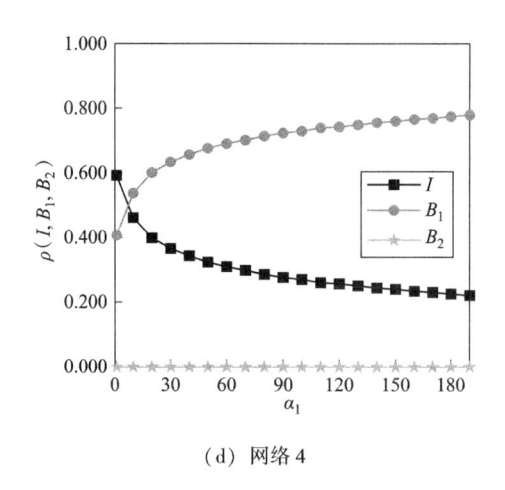

第3章 基于竞争策略的信息传播控制方法

（d）网络4

图 3.4　没有控制信息时，α_1 不同的情况下 ρ_I、ρ_{B_1} 和 ρ_{B_2} 的演化结果

注：其他参数为 $u_1=0.4$，$q_u=0.1$，$\varepsilon=0.1$

图 3.5 显示了在加入控制信息 S_2 后，奖励系数 α_1 不同的情况下 ρ_I、ρ_{B_1} 和 ρ_{B_2} 在四个网络中的演化结果。其他参数设置为 $u_1=0.4$，$u_2=0.5$，$\alpha_2=3$，$q_u=0.1$，$\varepsilon=0.1$。当演化达到稳定状态时，ρ_I、ρ_{B_1} 和 ρ_{B_2} 在网络 1 中的值分别约为 0.115、0.345、0.540，在网络 2 中分别约为 0.160、0.310、0.530，在网络 3 中分别约为 0.160、0.270、0.570，在网络 4 中分别约为 0.180、0.275、0.545。随着奖励系数 α_1 的增加，ρ_I 减小，同时 ρ_{B_1} 和 ρ_{B_2} 增加。当 α_1 达到较高水平时，它对结果的影响趋于稳定，而且 ρ_{B_2} 总是大于 ρ_{B_1}。这是因为 $u_2>u_1$ 意味着处于未知状态的个体更可能相信有更高收益的策略。综合表 3.2 所示四种网络的数据可以发现，平均聚类系数高、平均度低的网络中 ρ_I 的值降得更快，并且 ρ_{B_1} 和 ρ_{B_2} 的差值在平均聚类系数较低的网络反而更大。

对比图 3.4 和图 3.5 可以清晰地看出，在 α_1 的值相同的情况下，加入 S_2 后 ρ_{B_1} 的值比没有加入 S_2 的数值减少了很多，即加入互斥信息对信息的传播控制有很明显的效果。因此，引入互斥信息能够有效减少原信息的传播范围，抑制信息的传播。

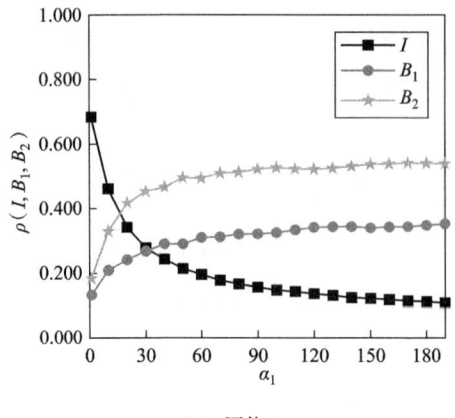

(a) 网络 1

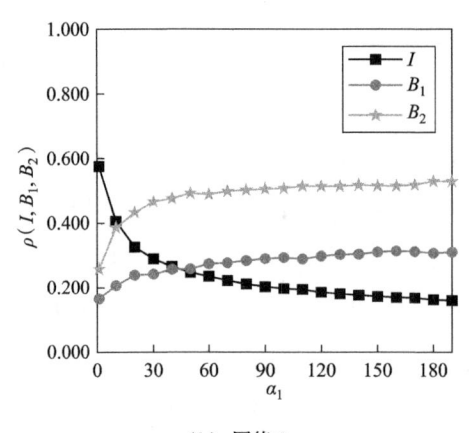

(b) 网络 2

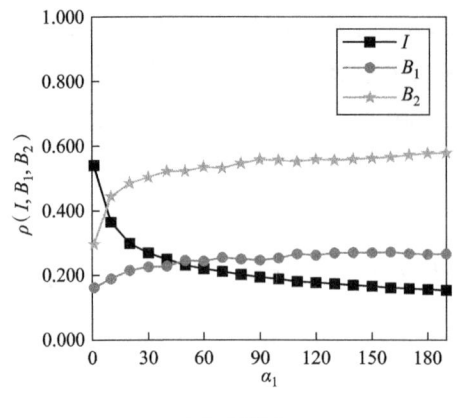

(c) 网络 3

（d）网络4

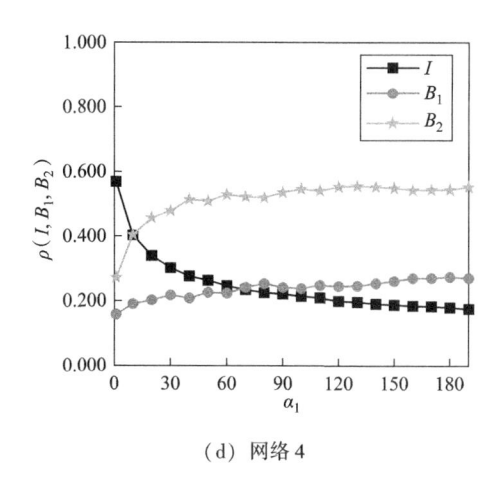

图3.5 α_1 不同的情况下 ρ_I、ρ_{B_1} 和 ρ_{B_2} 的演化结果

注：其他参数为 $u_1=0.4$，$u_2=0.5$，$\alpha_2=3$，$q_u=0.1$，$\varepsilon=0.1$

图3.6显示了在加入控制信息 S_2 后，ρ_I、ρ_{B_1} 和 ρ_{B_2} 随惩罚系数 α_2 的变化曲线，其他参数分别设置为 $u_1=0.4$，$u_2=0.5$，$\alpha_1=3$，$q_u=0.1$，$\varepsilon=0.1$。当演化达到稳定状态时，ρ_I、ρ_{B_1} 和 ρ_{B_2} 的值在网络1中约为0.930、0.025、0.045，在网络2中约为0.940、0.022、0.038，在网络3中约为0.954、0.018、0.028，在网络4中约为0.966、0.015、0.019。随着 α_2 增加，ρ_I 增加的同时 ρ_{B_1} 和 ρ_{B_2} 反而减少。这说明 α_2 的值越大对信息 S_1 的抑制作用越大，同时控制信息 S_2 的传播范围也随 α_2 的增加而减小，并且在信息传播的开始阶段 ρ_I、ρ_{B_1} 和 ρ_{B_2} 变化率较快，在演化接近稳定状态时变化率趋于平缓。可以看出，在平均聚类系数较低、平均度较高的网络中 ρ_I 增长速度更快。这是因为处于状态 I 的人更倾向于相信反对者较少的信息。

图3.7显示了在 q_u 取不同值时 ρ_I、ρ_{B_1} 和 ρ_{B_2} 的值，表示了在传播影响力异质性大小不同时控制信息对原信息传播的控制情况。当演化达到稳定状态时，ρ_I、ρ_{B_1} 和 ρ_{B_2} 的值在网络1中约为0.210、0.330、0.460，在网络2中约为0.135、0.370、0.495，在网络3中约为0.145、0.325、0.530，在网络4中约为0.160、0.330、0.510。由图3.7可以清楚地看出，随着 q_u 的增加 ρ_I 的值减小，而 ρ_{B_1} 和 ρ_{B_2} 增加。这意味着如果异质性进一步扩大，控制信息 S_2 对信息 S_1 的控制力逐步增大。另外，基于不同网络参数的对比实

验数据结果表明，ρ_{B_1} 和 ρ_{B_2} 的差值在平均聚类系数较低、平均度较高的网络中大于在平均聚类系数较高、平均度较低的网络。

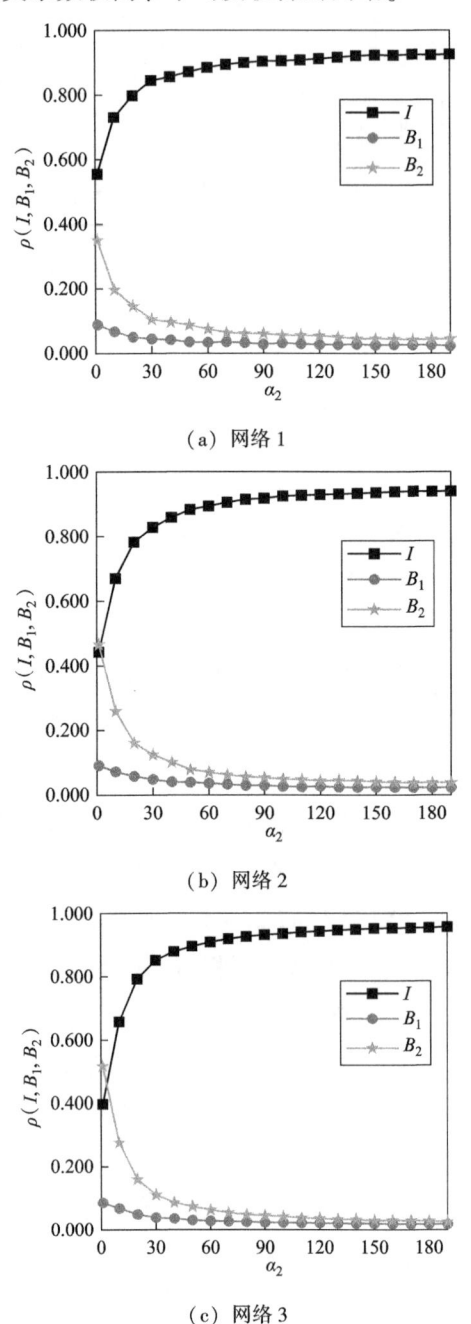

（a）网络 1

（b）网络 2

（c）网络 3

(d) 网络 4

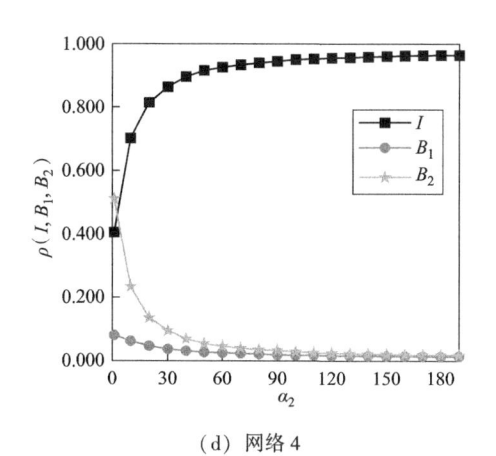

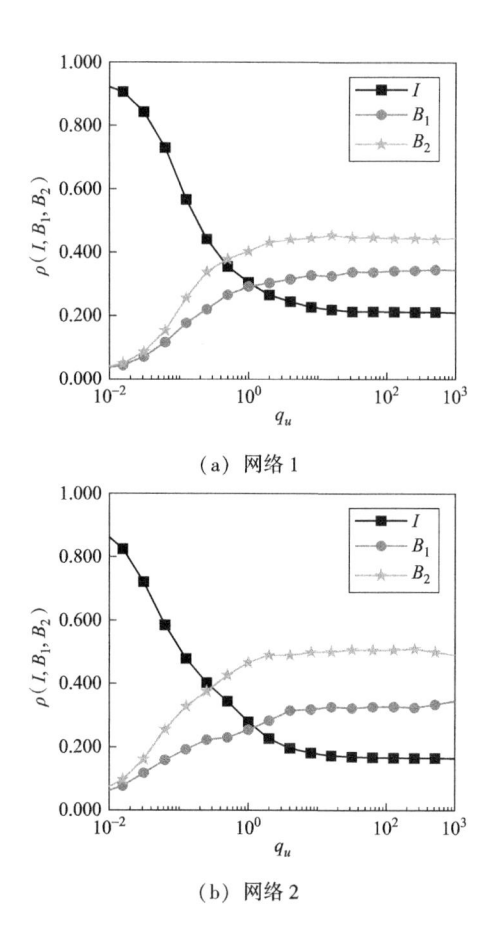

图 3.6 α_2 不同的情况下 ρ_I、ρ_{B_1} 和 ρ_{B_2} 的演化结果

注：其他参数为 $u_1=0.4$，$u_2=0.5$，$\alpha_1=3$，$q_u=0.1$，$\varepsilon=0.1$

(a) 网络 1

(b) 网络 2

(c) 网络3

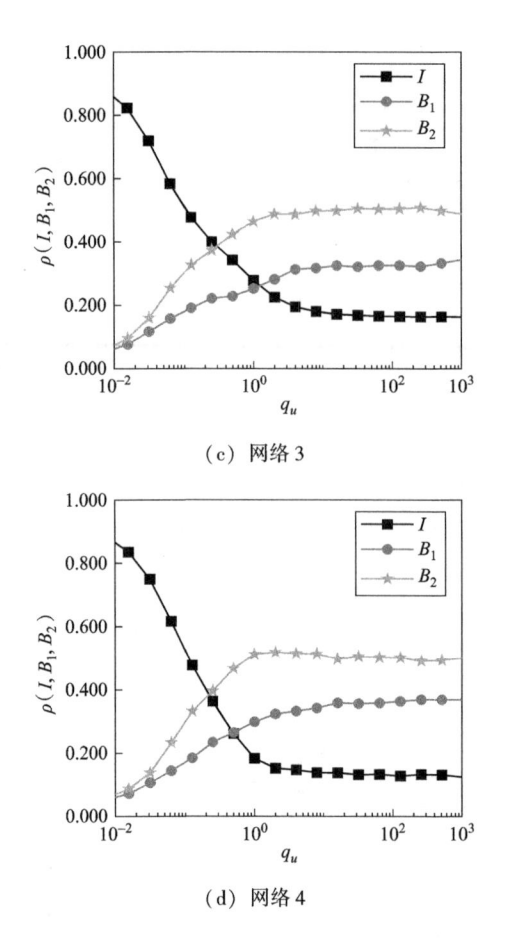

(d) 网络4

图3.7 q_u 不同的情况下 ρ_I、ρ_{B_1} 和 ρ_{B_2} 的演化结果

注：其他参数为 $u_1=0.4$，$u_2=0.5$，$\alpha_1=3$，$\alpha_2=3$，$\varepsilon=0.1$

图3.8显示了在基本收益 u_1 和 u_2 不同的情况下，ρ_I、ρ_{B_1} 和 ρ_{B_2} 的数值在传播过程中的演化情况。其余参数设置为 $\alpha_1=2$，$\alpha_2=2$，$q_u=0.1$。

从图3.8（a）、（d）、（g）、（j）可以看出，随着 u_1 或 u_2 的增加，ρ_I 的值会降低。图3.8（b）、（e）、（h）、（k）的结果表明，当 u_1 增加而 u_2 不增加时，ρ_{B_1} 的值增加。从图3.8（c）、（f）、（i）、（l）可以看出，u_2 增加而 u_1 不增加时，ρ_{B_2} 的值增加。另外，当 u_1 显著大于 u_2 时，$\rho_{B_1}>\rho_{B_2}$；相反，当 u_1 明显小于 u_2 时，$\rho_{B_2}>\rho_{B_1}$。因此，在竞争环境中，u_1/u_2 的值是决定 ρ_{B_1} 和 ρ_{B_2} 值的关键因素，即 u_2 的值越大，S_2 对 S_1 的控制效果越明显。

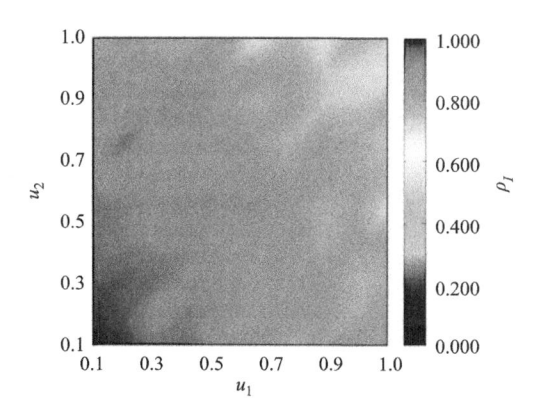

(a) 网络1（ρ_I）

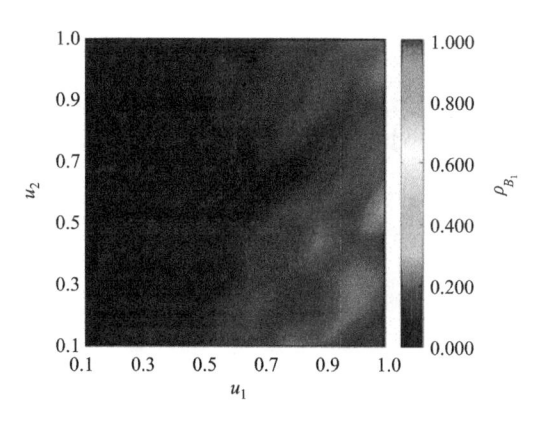

(b) 网络1（ρ_{B_1}）

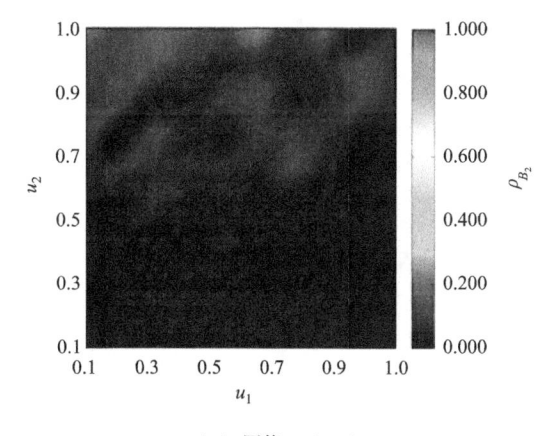

(c) 网络1（ρ_{B_2}）

(d) 网络2（ρ_I）

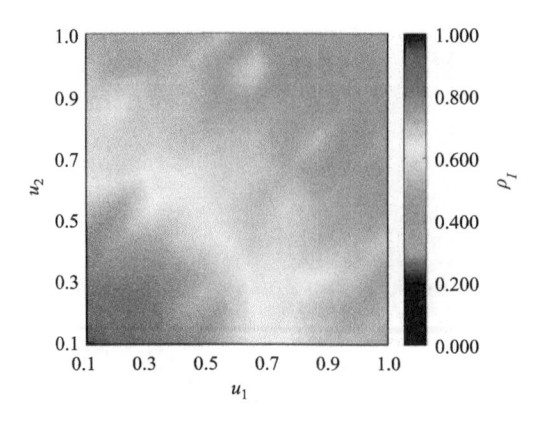

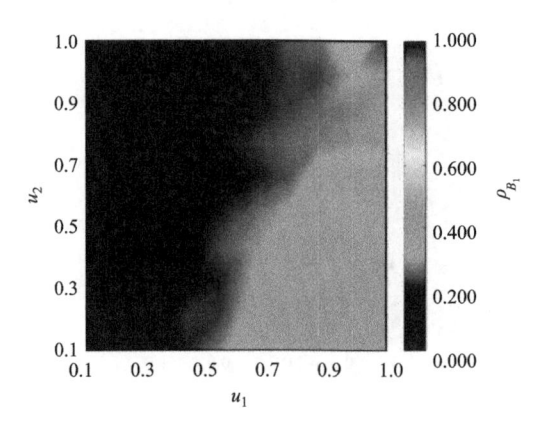

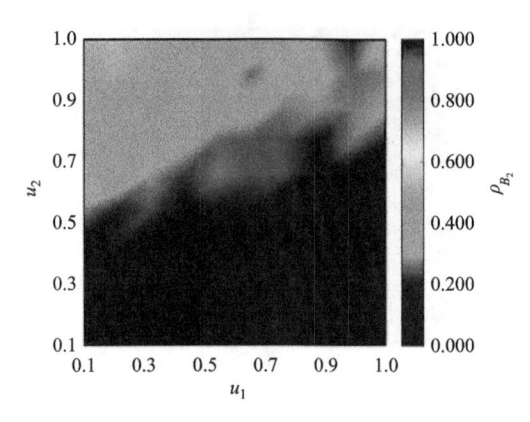

(e) 网络2（ρ_{B_1}）

(f) 网络2（ρ_{B_2}）

(g) 网络3（ρ_I）

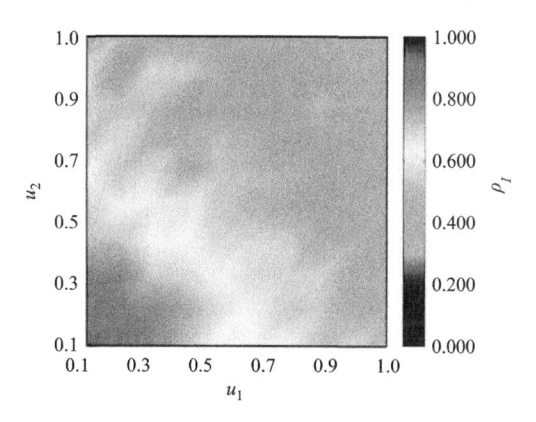

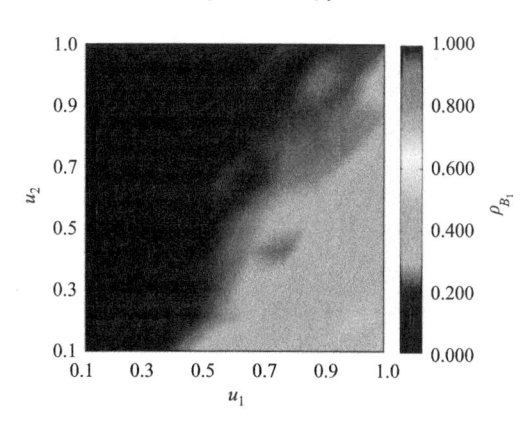

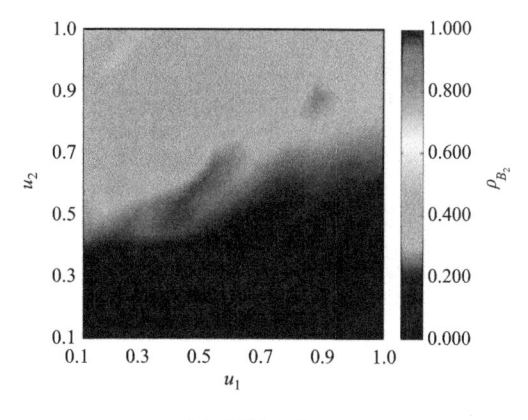

(h) 网络3（ρ_{B_1}）

(i) 网络3（ρ_{B_2}）

（j）网络4（ρ_I）

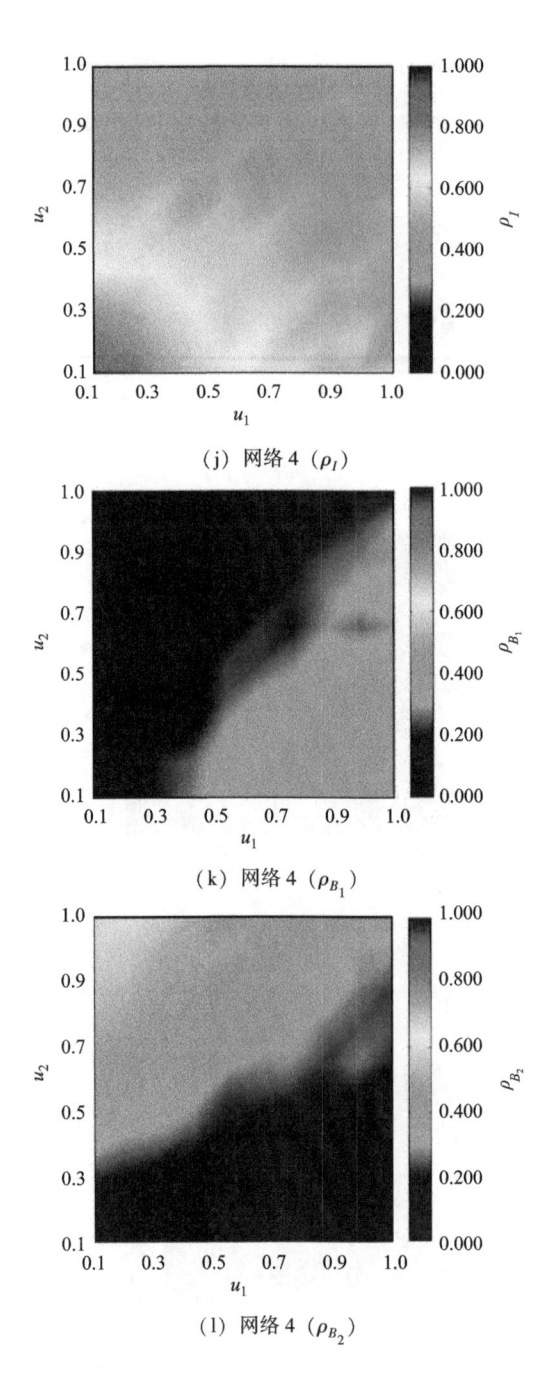

（k）网络4（ρ_{B_1}）

（l）网络4（ρ_{B_2}）

图3.8 基本收益u_1和u_2不同的情况下ρ_I、ρ_{B_1}和ρ_{B_2}的演化结果

注：其他参数为$\alpha_1=2$，$\alpha_2=2$，$q_u=0.1$

由于四个网络的结构特点不同,在相同的基本收益水平下,平均度较高的网络 ρ_1 值较小。这意味着在相同收益水平的情况下,在平均度较高的网络中两种竞争信息的信任者较多。这是因为在信息传播的场景下,一个节点的度越大表示其网络邻居越多,即说明其有更多的机会接收信息,从而其相信并传播信息的机会也越大。

综上所述,控制信息 S_2 的加入有效地抑制了信息 S_1 的传播范围,并且基本收益 u_2 的值越大,S_2 对 S_1 的抑制效果越明显。同时,参数 α_1、α_2 和 q_u 值的大小也可以控制信息传播范围。此外,参数相同的情况下,当两个竞争信息在平均聚类系数较低、平均度较大的网络中传播时,在竞争中胜出的信息的信任者更多,即胜利更大。

3.5 本章小结

本章采用网络演化博弈论分析互斥信息在社交网络中的传播过程,综合考虑独立个体偏好及邻居节点威望,构造收益函数,并更新个体策略,给出基于对交互博弈的互斥信息传播模型,探讨了通过引入互斥信息控制原信息传播范围的有效方法。首先,本章对多信息竞争传播的现象进行了分析,给出了多信息竞争传播的特点,介绍了演化博弈论相关思想和理论,分析了以网络演化博弈论思想来建模多信息竞争传播现象的理论依据。其次,本章给出了以演化博弈论方法进行两条竞争信息传播建模的具体步骤,详细描述了本章所做仿真实验的具体内容并对仿真实验的结果进行总结分析。仿真结果表明,互斥信息对信息传播的速度和范围都有明显的控制作用,且各参数的取值不同对控制力的大小也有明显的影响。总体而言,本章对两种竞争信息传播建模的方法有效且实用,为如何更好地控制和引导舆论提供了有效的见解。

参考文献

[1] MORENO Y,NEKOVEE M,PACHECO A F. Dynamics of rumor spreading in complex networks[J]. Physical Review E:Statistical, Nonlinear, and Soft Matter Physics,2004,69(2):066130.

[2] GIST P N P. Rumor and public opinion[J]. American Journal of Sociology,1951,57(2):159-167.

[3] BORDIA P,DIFONZO N. Problem solving in social interactions on the internet:Rumor as social cognition[J]. Social Psychology Quarterly,2004,67(1):33-49.

[4] KOSTKA J,OSWALD Y A,WATTENHOFER R. Word of mouth:Rumor dissemination in social networks[C]//Structural Information and Communication Complexity,15th International Colloquium,SIROCCO 2008,Villars-sur-Ollon, Switzerland,June 17-20,2008,Proceedings. Berlin:Springer-Verlag,2008.

[5] KOSFELD M. Rumours and markets[J]. Journal of Mathematical Economics,2005,41(6):646-664.

[6] ZHAO L J,WANG J J,CHEN Y C,et al. SIHR rumor spreading model in social networks[J]. Physica A,2012,391:2444-2453.

[7] ZHAO X X,WANG J Z. Dynamical behaviors of rumor spreading model with control measures[J]. Abstract and Applied Analysis,2014:247953.

[8] TRPEVSKI D,TANG W K S,KOCAREV L. Model for rumor spreading over networks[J]. Physical Review E,2010,81(5 Pt 2):056102.

[9] DODDS P S,WATTS D. Universal behavior in a generalized model of contagion[J]. Physical Review Letters,2004,92(21):218701.

[10] GLEESON J P,WARD J A,O'SULLIVAN K P,et al. Competition-induced criticality in a model of meme popularity[J]. Physical Review Letters,2014,112(4):048701.

[11] ZHANG N,HUANG H,SU B,et al. Dynamic 8-state ICSAR rumor propagation model considering official rumor refutation[J]. Physica A:Statistical Mechanics and its Applications,2014,415:333-346.

[12] FRIEDKIN N E, BULLO F. How truth wins in opinion dynamics along issue sequences[J]. Proceedings of the National Academy of Sciences of the United States of America, 2017, 114(43):11380-11385.

[13] BOVET A, MAKSE H A. Influence of fake news in Twitter during the 2016 US presidential election[J]. Nature Communications, 2019, 10(1):30602729.

[14] GRINBERG N, JOSEPH K, FRIEDLAND L, et al. Fake news on Twitter during the 2016 U. S. presidential election[J]. Science, 2019, 363(6425):374-378.

[15] OSBORNE M J, RUBINSTEIN A. A course in game theory[M]. Cambridge: MIT Press Books, 1994.

[16] HOFBAUER J, SORGER G. Perfect foresight and equilibrium selection in symmetric potential games[J]. Journal of Economic Theory, 1999, 85:1-23.

[17] NASH J. Equilibrium points in n-person games[J]. Proceedings of the National Academy of Sciences of the United States of America, 1950, 36:48-49.

[18] HOFBAUER J, SIGMUND K. Evolutionary game dynamics[J]. Bulletin of the American Mathematical Society, 2003, 40:479-519.

[19] LIEBERMAN E, HAUERT C, NOWAK M A. Evolutionary dynamics on graphs[J]. Nature, 2005, 433(7023):312-316.

[20] SMITH J M, FEIL E J, SMITH N H. Population structure and evolutionary dynamics of pathogenic bacteria[J]. BioEssays, 2000, 22(12):1115-1122.

[21] 吕金虎,谭少林.复杂网络上的博弈及其演化动力学[M].北京:高等教育出版社,2019:22-23.

[22] CARDILLO A, REYES-SUÁREZ C, NARANJO F, et al. Evolutionary vaccination dilemma in complex networks[J]. Physical Review E, 2013, 88(3-1):032803.

[23] ZHANG J, ZHOU C, XU X, et al. Mapping from structure to dynamics: A unified view of dynamical processes on networks[J]. Physical Review E, 2010, 82(2):026116.

［24］XU X J,LI J Y,FU X,et al. Impact of directionality and correlation on contagion[J]. Scientific Reports,2018,8:1-9.

［25］MORENO Y,NEKOVEE M,VESPIGNANI A. Efficiency and reliability of epidemic data dissemination in complex networks[J]. Physical Review E: Statistical Nonlinear & Soft Matter Physics,2004,69(5):055101.

［26］ZHU G H,CHEN G R,FU X C. Effects of active links on epidemic transmission over social networks[J]. Physical A,2017,468:614-621.

［27］WANG Y,VASILAKOS A V,MA J,et al. On studying the impact of uncertainty on behavior diffusion in social networks[J]. IEEE Transactions on Systems Man & Cybernetics Systems,2015,45(2):185-197.

［28］ZHU L,WANG Y G. Rumor diffusion model with spatio-temporal diffusion and uncertainty of behavior decision in complex social networks[J]. Physica A,2018,502:29-39.

［29］GRANOVETTER M. Threshold models of collective behavior[J]. American Journal of Sociology,1978,83(6):1420-1443.

［30］WEJNERT B. Integrating models of diffusion of innovations:A conceptual framework[J]. Annual Review of Sociology,2002,28:297-326.

［31］AUMANN R J. The New Palgrave:A dictionary of economics[J]. Game Theory,1987,2:460-482.

［32］TAN S,WANG Y,LÜ J H. Analysis and control of networked game dynamics via a microscopic deterministic approach[J]. IEEE Transactions on Automatic Control,2016,61(12):4118-4124.

［33］WU F,MA J H. The equilibrium,complexity analysis and control in epiphytic supply chain with product horizontal diversification[J]. Nonlinear Dynamics,2018,93(4):2145-2158.

［34］CHEN Y Z,WENG S,GUO W Z. A game theory algorithm for intra-cluster data aggregation in a vehicular ad hoc network[J]. Sensors,2016,16(2):245.

[35] SUN S, WU J N. Knowledge diffusion on networks through the game strategy[J]. Communications in Computer and Information Science,2009, 35:282-289.

[36] NOWAK M A,MAY R M. Evolutionary games and spatial chaos[J]. Nature, 1992,359(29):826-829.

[37] XIA C Y,MELONI S,PERC M,et al. Dynamic instability of cooperation due to diverse activity patterns in evolutionary social dilemmas[J]. Europhysics Letters,2015,109(5):58002.

[38] RIEHL J R,CAO M. Towards control of evolutionary games on networks[J]. 5th IFAC Workshop on Distributed Estimation and Control in Networked Systems,Philadelphia,PA,United States,2015:458-462.

[39] TEMBINE H, ALTMAN E, EL-AZOUZI R, et al. Evolutionary games in wireless networks[J]. IEEE Transactions on Systems Man & Cybernetics Part B,2010,40(3):634-646.

[40] SANDHOLM W H. Population games and evolutionary dynamics[M]. Cambridge:MIT Press,2011.

[41] FU F,ROSENBLOOM D I,NOWAK M A. Imitation dynamics of vaccination behaviour on social networks[J]. Proceedings of the Royal Society B:Biological Sciences,2011,278(1702):42-49.

[42] JIANG C,YAN C,LIU K. Graphical evolutionary game for information diffusion over social networks[J]. IEEE Journal of Selected Topics in Signal Processing, 2014,8(4):524-536.

[43] LI D D,MA J,TIAN Z H,et al. An evolutionary game for the diffusion of rumor in complex networks[J]. Physica A:Statistical Mechanics and its Applications,2015,433:51-58.

[44] JONNALAGADDA A,KUPPUSAMY L. A survey on game theoretic models for community detection in social networks[J]. Social Network Analysis and Mining,2016,6(1):1-24.

[45] KERMANI M A M A, ARDESTANI S F, ALIAHMADI A, et al. A novel game theoretic approach for modeling competitive information diffusion in social networks with heterogeneous nodes[J]. Physica A: Statistical Mechanics and its Applications, 2017, 466: 570-582.

[46] ETESAMI S R, BASAR T. Complexity of equilibrium in competitive diffusion games on social networks[J]. Automatica, 2016, 68: 100-110.

[47] GUO Y Y, TONG X R, LIU Q C, et al. Models of network information propagation based on game theory[J]. Computer Science, 2014, 41(3): 238-244.

[48] XIAO Y, SONG C, LIU Y. Social hotspot propagation dynamics model based on multidimensional attributes and evolutionary games[J]. Communications in Nonlinear Science and Numerical Simulation, 2019, 67(FEB.): 13-25.

[49] HU H B. Competing opinion diffusion on social networks[J]. Royal Society Open Science, 2017, 4(11): 171160.

[50] ZHANG Y C, WEN G H, CHEN G R, et al. Gaming temporal networks[J]. IEEE Transactions on Circuits and Systems II: Express Briefs, 2019, 66(4): 672-676.

[51] OU C G, JIN X L, WANG Y Z, et al. The impact of heterogeneous spreading abilities of network ties on information spreading[J]. 15th IEEE International Conference on Computer and Information Technology, 2015, 65: 454-460.

第4章
单源信息传播溯源及控制方法

社交网络在方便人们生活的同时，也使网络上充斥着各种虚假新闻、谣言、煽动性言论等不良信息。这些不良信息给人们错误的引导，可能导致不良的后果，甚至危害社会稳定[1]。快速找到不良信息的传播源头，对散布不良信息的传播者进行一定的惩戒，可以对其他意欲传播不良信息的个人进行警示。同时，找到真实信息的传播源头，可以弘扬正面信息、正向社会舆论，促进形成良好的社会风气。无论是正面信息还是负面信息，找到信息传播的源点可以为政府部门监管网络舆情提供依据，从而控制信息的传播。所以，源点是传播过程中非常重要的节点。另外，节点免疫策略是从节点角度出发控制信息传播的一种有效方法。传统的信息免疫策略大都针对网络拓扑结构分析影响传播范围的关键节点，针对这些关键节点引入免疫措施，缺乏对特定传播过程的针对性免疫策略研究。本章从免疫策略角度出发，提出基于命名博弈的单信息源点识别方法，针对信息源点及与信息源点具有相关性的节点采取针对性免疫策略，进而抑制负面信息在网络中的传播。准确识别信息传播源点对信息传播的控制具有重大意义和研究价值。

已知网络拓扑结构和部分传播过程相关信息，识别出发起传播过程的源节点的过程，称为信息溯源。2010年，沙阿（Shah）和扎曼（Zaman）根据经典的SIR模型构建了谣言源点的估计模型，第一次系统地研究了在网络中寻找谣言源头的问题[2]，提出拓扑量谣言中心即为谣言的传播源点这一观点。随后，学者们基于不同的传播模型，陆续提出了一些信息传播溯源的方法[3-4]，包括最大似然估计[5]、动态消息传递[6]和反向扩散[7-8]等。

上述方法大都针对特定传播模型设计溯源算法，源点定位准确率仍有待提高。此外，由于溯源工作中所获得的关于传播过程的信息是不完整的，如传播源的数目和传播开始发生的确切时间都可能是未知的，如何在仅知道传播过程的部分信息条件下，准确识别信息传播源点，进一步控制负面信息的传播范围，降低其对社交网络的影响力是一个亟待解决的问题。针对传播源点进行信息传播控制的难点是提高溯源的准确率。显而易见，估计的源点越准确，对信息传播控制的效果越好。因此，本章结合命名博弈理论设计了一种准确快速定位网络中的单个信息源点的方法，它不受限于传播的类型，并且不需要知道传播概率等参数的值，具有较强的可行性和应用性。此方法将命名博弈运用到信息溯源的过程中，为信息传播源定位提供了一种新思路，为基于单源溯源的信息传播控制方法提供了基础。

4.1　命名博弈基本理论

命名博弈是统计物理学研究领域备受关注的模型，是研究语言形成和演化的一个非平衡动力学相关内容[9-10]。该模型刻画了在缺乏全局监管和先验常识的情况下，个体通过成对局部交互的自组织方式试图将某个客观物体的名字达成一致的过程[11-12]。

命名博弈模型将语言演化与博弈理论相结合，被广泛应用到观点的传播与统一、广告学原理、谣言舆论控制等内容的研究中[12]。掌握这些场景中命名博弈模型的演化过程对某些社会言论的正面促进或反面控制具有重要帮助。同时，命名博弈对网络意见或网络语言的形成与传播、社交网络标签系统的建立与完善、多智能个体的协调与控制都有重要的意义。

4.1.1 原始最小命名博弈

原始最小命名博弈模型[13-16]由巴润策廉（Baronchelli）等最先提出，得到了与"说话领头"实验一致的结果。在社交网络场景下，每个独立个体被看作网络中的一个节点，N个个体观察同一个新物体，为新物体命名的同时相互交流词汇，最终达到统一。具体构造过程如下。

1. 初始网络

尺度为N的全耦合网络，每个个体都存在一个记忆库，用来存储传播过程中产生的词汇。

2. 演化过程

选择节点：随机地选择一个节点i作为说话者，任意选择节点i的一个邻居j作为接听者（i与j的选择有不同的策略）。

说话者i选择词汇：若i的记忆库为空，则节点i为该物体构造一个新词汇，存入自己的记忆库，并且将该词汇传播给j；若i的记忆库不为空，则随机选择记忆库中的一个词汇传播给j。

接听者j接收词汇：若j接收到的词汇在它的记忆库中已经存在，则此次协议交互成功，保留本次传播词汇，将i、j记忆库中的其他词汇删除；若j收到的词汇在它的记忆库中不存在，则此次协议交互失败，将该词汇加到j的记忆库中。

重复以上演化过程，直到网络达到稳定状态或达到预定的演化时间。

4.1.2 策略的选择

在规则网络或全耦合网络中，博弈中的所有个体具有相同的度等级，因此说话者和接听者被选择的先后顺序是无关紧要的。但是，在异质网络中，度大的节点被选为说话者和接听者的概率更大。度决定着个体地位的差别，地位不同决定着说话者和接听者的差异，因此说话者和接听者的选择必将影响整个演化的过程。说话者与接听者选择的策略有以下三种。

1. 直接命名博弈

随机选择节点 i 作为说话者，再随机选择 i 的邻居作为接听者 j。这种策略选择方式使度大的节点更加倾向于充当接听者。

2. 倒置命名博弈

随机选择节点 j 作为接听者，再随机选择 j 的邻居作为说话者 i。这种策略选择方式使度大的节点更加倾向于充当说话者。

3. 均等命名博弈

随机选择一条边，将该边连接的两个节点随机作为说话者 i 和接听者 j。这种选择方式无论节点度的大小，所有节点表达观点的机会是相等的。

研究发现，在倒置命名博弈中，度大的节点有更大机会充当说话者，能够较快速地形成中心节点簇的相同词汇团体，加速了系统中词汇的统一。这说明倒置命名博弈相对于直接命名博弈和均等命名博弈收敛速度更快。本书结合信息溯源的场景，在倒置命名博弈的基础上对说话者与接听者的选择作具体调整。

4.2 信息传播的单源溯源问题分析

针对网络中部分节点进行免疫控制是对信息传播进行控制的有效手段。传播源点是对信息传播至关重要的节点，将传播源点作为免疫节点能对信息的传播进行有效的控制。在确定了传播源点的情况下，切断其与邻居的联系可以实现控制信息传播的目的。同时，也可以采取在估计源点周围释放互斥信息的方法，用传播互斥信息达到控制原信息传播的目的。然而信息传播的源点往往是隐藏且不固定的，基于单源溯源的信息传播控制首先要解决的问题是如何准确追溯传播的源点。

第4章 单源信息传播溯源及控制方法

信息传播溯源研究旨在通过部分已知的传播数据逆向推理出潜在的信息传播源点。网络节点状态、节点首次收到信息的时间及信息来源等是需要获得的主要数据。信息传播的单源点定位问题可转化为一个最大释然估计问题，若 O_G 表示观察到的传播信息，式（4.1）为信息传播源点的求解方式。

$$\hat{s} = \arg\max_{s \in G} P(O_G | s^* = s) \tag{4.1}$$

其中，s^* 为信息传播的真实源点；s 为网络 G 中的任意节点，通过设计合适的方法求得网络中任意节点为传播源点的概率，并将其中具有最高概率值的节点作为预测估计的传播源点。

在根据最大释然估计值研究信息传播溯源的方法中，大都是在社交网络结构知识基础上结合传播过程信息设计的。早期的方法被设计用于类似树的网络，它们依赖网络中生成树的识别，将生成树的根作为传播源[17-19]。戴瑞斯（Dariusz）等分析了三个推特网络上的谣言源点检测[20]，该研究通过实证调查找到了谣言散布者的位置并计算出传播路径的长度。另外，还有一些基于网络拓扑的节点中心测量方法用于检测谣言源。例如，沙阿（Shah）和扎曼（Zaman）提出了谣言中心性来识别谣言的源点[21]，并认为最接近中心性的节点即为谣言源点。朱（Zhu）等证明谣言源点为感染偏心率最小的乔丹感染中心[22]。然而，现有的信息溯源方法多需要对传播过程信息有较多的了解，并且溯源准确性有待提高。为了减少对传播过程信息的获取量，本章提出了一种基于命名博弈的单信息源点定位方法。

4.3 基于命名博弈的单源信息传播溯源方法

信息在社交网络传播的过程中，任何获得信息的个体都能够感知发给其消息的个体；并且，若个体的某个邻居传播了此信息，则其可以获知邻居传播信息的时间。此外，与命名博弈相似，信息的传播也依赖个体之间的相互作用。命名博弈过程中个体之间相互传播的是个体对新物体的名字，而信息传播过程中个体之间相互传播的是某条信息。以此为基础，本章提出了一种新的观察点设置方法和信息传播的单源点定位方法，将信息源看作命名博弈中想要最后统一的新事物名称，将节点间对于传播源信息的交换沟通看作命名博弈的策略选择，利用原始最小命名博弈的思想来解决信息溯源的问题。

在进行溯源工作之前，必须获得一些传播过程的信息作为定位的已知条件。那么，想要寻找信息传播源点的个人或机构必须能与网络中每个节点进行信息的交互。所以，本节引入一个新节点 n^* 表示寻找信息源的个人或组织。该节点能够从社交网络中任意个体处获得局部消息。概率向量 $P(t)=\{p_i(t)\}_{i=1}^N$ 表示网络中各节点可能是传播源点的概率，其中 $p_i(t)$ 表示在第 t 次迭代时节点 i 是传播源的概率。最初，$\forall i \in \{1,2,\cdots,N\}, p_i(0)=1/N$，这意味着网络中的任何节点是源点的概率都是相等的。

本节提出的方法基于网络拓扑结构和 n^* 与各观察点交互获得的信息，采用多次迭代的方法，在概率向量 $P(t)$ 中根据一定规则求出最大概率值的节点来定位传播的源点。具体的过程如图 4.1 所示。溯源开始时网络中任意节点为源点的概率均相等，所以候选源点集初始化为网络节点集。之后，每次部署一个观察点，并根据其提供的局部源点信息更新各节点为传播源点的概率，直到各节点为源点的概率值不变，则完成溯源工作。

4.3.1 网络结构和传播模型

通常，一个信息传播的社交网络被建模为一个无权无向的接触网络图，表示为 $G=(V,E)$，其中 $V=\{v_1,v_2,\cdots,v_N\}$ 为节点集，$E=\{e_1,e_2,\cdots,e_M\}$ 为节点之间的连边所在集合。

给定网络结构 G，已有的源点定位方法大都针对某一种特定的传播模型寻找信息源点，缺乏普适性。特别是溯源工作往往仅已知网络结构及某一个或几个时刻节点状态信息，并不知道信息传播依据的是 SI、SIR，还是 SIER 等传播模型，而且真实的信息传播过程远比传播模型复杂。因此，理

第 4 章　单源信息传播溯源及控制方法

想的信息溯源方法应该能够在未知传播模型的前提下找到准确的信息传播源点。为了解决这一问题，本节分析每个观察点的局部源点，并结合网络结构特点，追根溯源逐步确定节点的传播先后顺序，最终找到传播的源点，从而在不知道具体传播动力学和任何参数的情况下，推理估计出信息传播的来源。在每一次迭代中，都首先根据命名博弈的思想选择一个观察点，然后根据观察点提供的信息设计一种更新概率向量 $P(t)$ 值的方法。在不断更新概率向量 $P(t)$ 值的过程中，不是源点的节点的概率值不断减小。更新结束时，认为概率值最大的节点即为估计的传播源点。

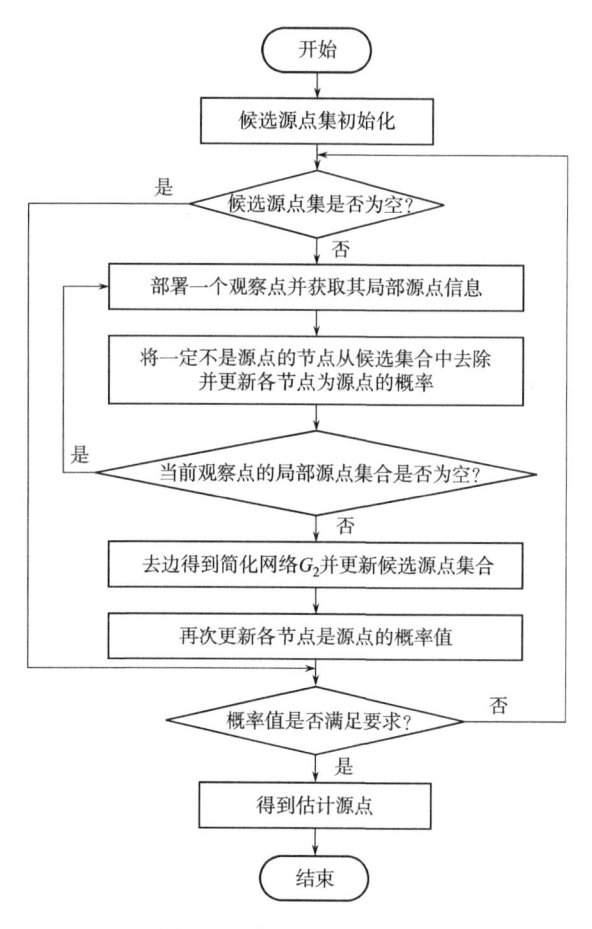

图 4.1　单源点定位流程图

4.3.2 观察点选择和概率更新规则

按照原始最小命名博弈的思想，在每一个时间步 t，在网络中基于倒置命名博弈思想选择一对说话者和接听者交互信息。同理，在信息传播的溯源过程中，在每一个时间步 t，随机选择一个观察点并让其与 n^* 进行信息交互。具体的方法是：在每一个时间步 t，从候选节点集合 $C = \{c_1, \cdots, c_{|C|}\} \subseteq V$ 中随机选取一个节点 ns_t 作为信息交互的说话者，并将其定义为观察点。同时，将 n^* 设置为接听者。初始情况下，$C = V$，随后在确定某些节点一定不是传播源后将其从集合 C 中删除。观察点的设置有助于有效地获取传播信息，准确地定位源节点。

在信息传播的过程中，传播的源点即最早开始传播该条信息的节点。对于某一个具体节点来说，它只了解其邻居节点传播信息的时间，而无法获悉其他非邻居节点传播信息的时间。此处将节点的邻居中最早开始传播消息的节点称为该节点的局部源点；并且每次进行信息交互时，观察点 ns_t 告诉 n^* 它的局部源点是哪个（或哪些）节点。假设所有的说话者都是诚实的，这意味着 ns_t 传递给 n^* 的信息是真实的。与其他类型的设置观测方法相比，本章的方法不是在定位前预先部署好所有的观察点，而是在每次迭代中确定一个观察点。

令 $F_t = \{f_{t1}, \cdots, f_{t|F_t|}\} \subset V$ 表示说话者 ns_t 的所有邻居节点集合，$S_t = \{s_{t1}, \cdots, s_{t|S_t|}\} \subset V$ 表示 ns_t 的局部源点集合，是节点 ns_t 的邻居节点中最早传播信息的节点集合。如果 $S_t = \phi$，集合 F_t 一定不存在传播的源点。否则，集合 $F_t - S_t$ 一定不存在传播的源点。据此，根据式（4.2）更新节点可能是传播源点的概率。具体地，将一定不是源点的节点的概率改为零，同时将这些节点原来的概率值平均分配给其他可能是源点的节点。

$$p_i(t) = \begin{cases} p_i(t-1) + \dfrac{\sum_{r \in Q} p_r(t-1)}{|C| - |Q|} & (i \notin Q, p_i(t-1) \neq 0) \\ 0 & (\text{其他}) \end{cases} \quad (4.2)$$

其中，Q 是一定不会成为信息传播源点的节点集合，而是在不同情况下具有不同内容的节点的集合，表示为

$$Q = \begin{cases} F_t & (S_t = \phi) \\ F_t - S_t & (S_t \neq \phi) \end{cases} \tag{4.3}$$

信息在节点间通过边进行传播，故由观察点提供的局部源点信息和网络拓扑能够确定一些边的传播方向。通过确定信息传播的方向，将网络拓扑图进行简化，从而将无向图 G 转换为表示信息传播局部过程的有向图 G_2。传播方向表示在本次传播过程中信息的传播方向是从有向边的起始节点传播到终止节点。具体地，用 $CF_t = \{cf_{t1}, \cdots, cf_{t|CF_t|}\} \subset V$ 表示观察点 ns_t 与其局部源点的共同邻居集合。如果 $CF_t \neq \phi$，传播方向一定是从 S_t 中的节点到共同邻居。否则，如果 $S_t = \phi$，则 ns_t 的邻居都没有传过信息，传播图中应该没有从 ns_t 的邻居出发的边；如果 $S_t \neq \phi$，则传播方向一定是从 S_t 集合的节点到 $F_t - S_t$ 集合的节点。根据信息传播的时间先后顺序，局部源点集合内的节点一定比其他邻居先传播信息，而信息传播的方向一定不可能是从后传播的节点到先传播的节点。同理，如果 $|S_t| > 1$，则一定不存在起始节点和目标节点都在 S_t 中的边，即传播时间相同的节点间也不会是彼此的源点。图 4.2 给出了确定边方向的一个简单例子。其中，深灰色节点 v_1 是一个说话者，它同时是一个观察点。浅灰色节点 v_3 和节点 v_6 是节点 v_1 的局部源点。节点 v_3 和节点 v_6 同时传播信息，因此可以删除节点 v_3 和节点 v_6 之间的边。节点 v_5 是节点 v_1 和节点 v_3 的共同邻居。节点 v_5 一定在节点 v_3 之后传播信息，因此节点 v_5 和节点 v_3 之间的边的方向一定是从节点 v_3 到节点 v_5。类似地，节点 v_6 和节点 v_4 之间的边的方向一定是从节点 v_6 到节点 v_4。

可见，如果一个节点不能将信息传递给某个观察点，那么该节点一定不是传播的源点。据此，将一定不是源点的节点找出来，并将其从候选源点的集合中去除。此举可以逐渐缩小候选源点范围，提高算法的效率和准确率。具体地，用 $[u, v]$ 表示节点 u 与节点 v 之间的最短路径，且 $d(u,v)$ 为图 G 中节点 u 与节点 v 之间的最短路径长度。当 $d(i, ns_t) = \inf$，表示节点 i 无法将信息传递给观察点 ns_t。则此时节点 i 一定不是传播源，将节点 i 加入

集合 Q 并再次根据式（4.2）更新向量 $P(t)$ 的值，即将不是源点的节点概率值置为零，并将其原值分给其他可能为源点的节点。

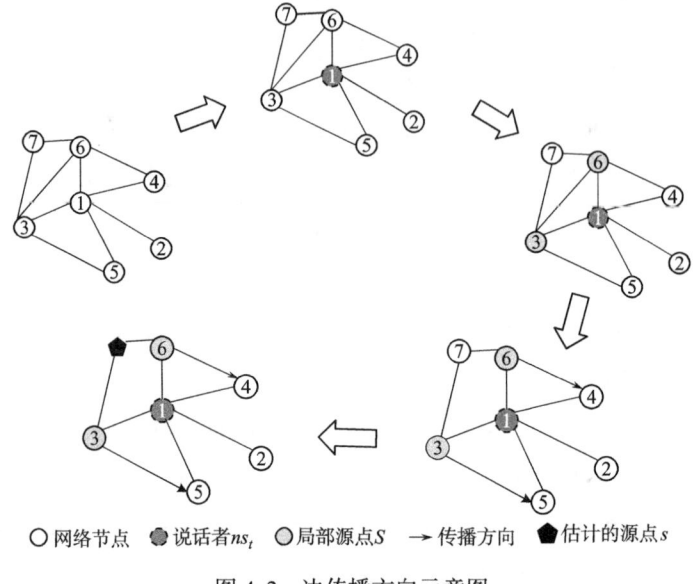

图 4.2 边传播方向示意图

接下来，用 $d(i,S_t)$ 表示节点 i 到其局部源点集合 S_t 的距离，其值如式（4.4），为节点 i 到其局部源点集合中各节点的距离的最大值。

$$d(i,S_t) = \left\{ d(i,s_{t,r}) \mid \max_{s_{t,r} \in S_t}(d(i,s_{t,r})), d(i,s_{t,r}) \neq \inf \right\} \quad (4.4)$$

如果 $d(i,ns_t)$ 和 $d(i,S_t)$ 之间的差值大于零，则 S_t 中的节点将在节点 ns_t 之前接收到信息。一般情况下，节点到某观察点的距离应该大于节点到该观察点的局部源点的距离。因此，在简化图 G_2 中，$d(i,ns_t)$ 和 $d(i,S_t)$ 之间的差值越大，节点 i 作为传播源的概率就越大。如果 $S_t \neq \phi$，根据式（4.5）更新概率 $P(t)$ 的值。

$$p_i(t) = \begin{cases} p_i(t) \times \dfrac{t}{t+1} + \dfrac{d(i,ns_t) - d(i,S_t) - \varepsilon - 1}{\sum_{r=1}^{N}[d(r,ns_t) - d(r,S_t) - \varepsilon - 1] \times (t+1)} & (p_i(t) \neq 0) \\ 0 & (p_i(t) = 0) \end{cases}$$

$$(4.5)$$

其中，$\varepsilon = \min\limits_{s_{t,r} \in S_t}[d(i,ns_t) - d(i,s_{t,r})]$ 表示令 $p_i(t) \neq 0$ 的节点到 ns_t 和 S_t 的距离之间的差值的最小值。正如图 4.2 所示，节点 v_4 和节点 v_5 无法将信息传播到节点 v_6 和节点 v_3。因此，本方法分别计算节点 v_2、v_3、v_7 到观察点 v_1 和到其局部源点的距离，根据式（4.3）计算 v_2、v_3、v_7 成为传播源的概率，进而推断出节点 v_7 是估计的源点。

每一次迭代选定一个观察点并执行上述步骤，针对该观察点更新一次概率函数。当得到的概率向量在第 t 到 $t+\delta$ 迭代结束均不发生改变时，溯源算法收敛，则停止迭代。定义集合 $M(t) = \{j | p_j(t) = \max\{P(t)\}, j \in V\}$ 表示概率向量中概率值最大的节点集合。在每一个时间步 t 重复上述过程，直到概率向量 $P(t)$ 满足式（4.6）。

$$M(t) = M(t+\delta) \quad (\forall \delta \in \{1,2,\cdots,A-1,A\}) \tag{4.6}$$

其中，A 为预先给定的自然数，表示迭代结果不变的总次数。A 值取得太小会导致定位准确率不高；而 A 值取得太大又会导致观察点和迭代次数过多，造成不必要的资源浪费和算法效率降低。参数 A 应该设置为一个合理的值。另外，若出现有多个节点的概率值满足要求的极端情况，则取其中第一个作为估计的源点。算法 4.1 总结了本章所提出的信息源定位方法。

算法 4.1　信息源点定位方法

输入：网络拓扑图 G=(V,E)，候选源点集合 C=V，概率不变 A.
输出：M(t)

```
01: while C≠φ  do
02:     随机选择一个观察点（说话者）ns_t.
03:     根据式（4.1）更新 P(t) 的值
04:     由观察点提供的信息将无向的网络 G 去边得到图 G_2
05:     if  S_t ≠φ
06:        for i=1 : |S_t| do
07:           根据式（4.3）更新 P(t) 的值
08:        end for
09:     end if
```

```
10:    if P(t)满足 M(t)的要求
11:        中止循环
12:    end if
13: end while
14: end function
```

4.4 仿真实验及分析

源点定位的准确率越高，部署的观察点数量越少，基于溯源的信息传播控制的方法效果越好。为了验证第 4.3 节提出的定位方法的有效性和观察点个数对定位源点准确性的影响，本节在四个真实社交网络数据集上进行仿真实验，并对该实验的内容、过程、实验数据及实验结果进行了详细阐述。

4.4.1 数据集的描述

为了评估所提方法的溯源能力，需要进行传播的仿真模拟并根据结果进行源点的定位。为不失一般性，随机选择一个节点作为消息传播的源点，按照经典的 SIS 传播模型传播消息，设置传播参数为：传播率 $\alpha = 0.75$，恢复率 $\beta = 0.5$。给定消息传播后某一时刻的网络节点状态，考察本节提出的基于命名博弈的单源定位方法的有效性。实验所得数据均为 500 次独立运行的结果。

表 4.1 中列出了被用于算法仿真实验的四个真实社交网络。第一个是安然电子邮件数据集[23]，包含 2001 年 143 个用户之间的电子邮件对话记录。另外三个是来自三个不同地区的脸书数据集。选定的四个数据集来自网络存储库（网站 http://networkrepository.com）。四个网络的具体性质见表 4.1，其中，$<\delta>$ 为网络的平均度，$<c>$ 为网络的平均聚类系数，$<d>$ 为网络直径。

表 4.1　四个真实网络数据集的网络特性

网络	类型	节点/个	边/条	$<\delta>$	$<c>$	$<d>$
网络 5（Enron）	无向图	143	623	8.713	0.453	8
网络 2（Simmons81）	无向图	1510	32984	43.687	0.325	7
网络 6（Hamilton46）	无向图	2312	96393	83.385	0.302	6
网络 7（Wake73）	无向图	5366	279186	104.057	0.279	9

4.4.2　实验结果及分析

以下将从本节提出的溯源方法的准确率、效率，以及与文献［24］和文献［25］中溯源方法的对比来验证本节方法控制消息传播的有效性。

一个溯源方法的准确率是衡量其性能好坏的首要指标。定义源点定位的误差距离ϕ为真实源点和估计源点之间距离的跳数[26]，则误差距离ϕ能够有效验证本节中提出的方法的准确性。具体来说，在一次独立的溯源实验中，如果$\phi=0$，表示采用的溯源方法准确地识别了真正的源节点，ϕ的值越大，说明通过该定位方法不能准确识别信息传播源点。经过多次试验，准确识别源点的比例越高或ϕ的值越小，说明算法的定位准确率越高。

图 4.3 显示了四个真实社交网络中 500 次独立实验的结果中误差距离ϕ的分布情况。由图 4.3 可知，在四个网络中，定位结果的大部分值集中在ϕ值比较小的部分。具体地，在四个网络中误差距离大部分小于 4，这说明本方法具有较高的定位准确率。另外，当参数 $A=1$ 时，本章方法在网络 5 中准确定位传播源点的比例为 50.0%，在网络 2 中为 78.0%，在网络 6 中为 80.0%，在网络 7 中为 84.0%。当参数 $A=6$ 时，本章方法在网络 5 中准确定位传播源点的比例达到 67.6%，在网络 2 中达到 95.0%，在网络 6 中达到 99.0%，在网络 7 中达到 98.6%。因此，随着 A 值的增加，算法的准确率逐渐提高。这是由于随着 A 值的增加，观察点比例在增大，网络中的观察点数量增多，能够获取到的传播信息量增加，使简化后的网络 G_2 更接近真实传播路径图，降低了不确定因素带来的影响。

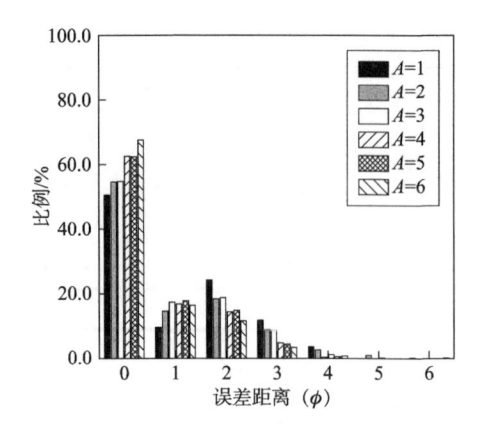

(a) 网络5

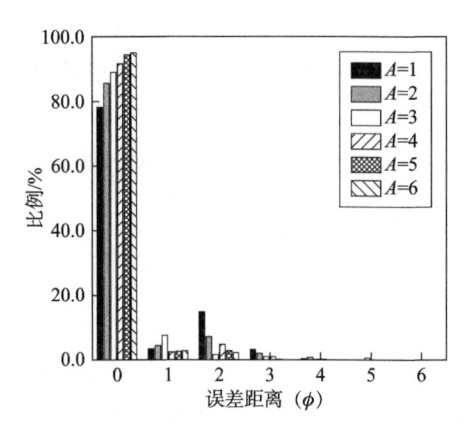

(b) 网络2

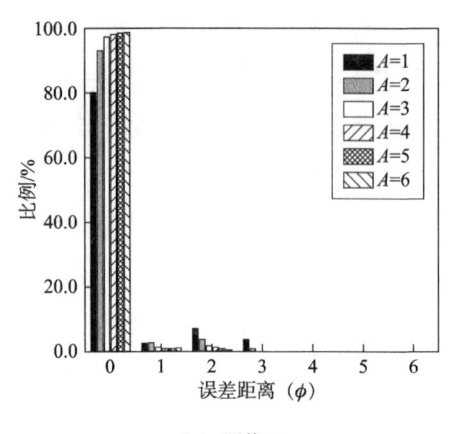

(c) 网络6

第 4 章　单源信息传播溯源及控制方法

（d）网络 7

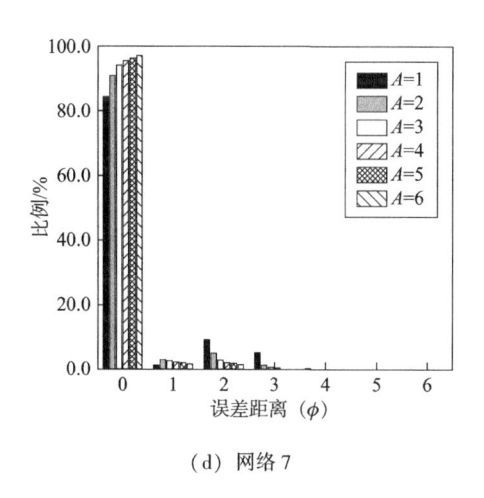

图 4.3　不同的数据集中误差距离（ϕ）的分布图

图 4.4 显示了平均误差距离随着 A 值变化的情况。当参数 $A=1$ 时，网络 5 的平均误差距离为 1.09，网络 2 的平均误差距离为 0.44，网络 6 的平均误差距离为 0.27，网络 7 的平均误差距离为 0.36。当参数 $A=6$ 时，网络 5 的平均误差距离达到 0.54，网络 2 的平均误差距离达到 0.07，网络 6 的平均误差距离达到 0.02，网络 7 的平均误差距离达到 0.04。因此，随着 A 值的逐渐增大，平均误差距离逐渐减小，说明 A 值越大，算法的定位准确率越高。然而，随着 A 值的增加，每条折线的斜率在下降，说明溯源结果准确率的提升空间在下降。这也验证了前面的理论分析，即 A 值的设置不是越大越好，而是要根据具体情况，结合部署观察点的实际代价和算法对效率的要求合理设置。

本章方法针对每一个观察点更新一次各节点可能为信息传播源点的概率，所以该方法的时间复杂度是 $O(N \cdot R)$，其中 R 是观察点个数，N 是节点个数。随着观察点个数的增加，迭代次数增加，会花费更多的时间。所以，观察点的数量能够量化本章提出的信息源定位方法的效率。该方法的时间复杂度与部署的观察点的数量成正比，因此部署的观察点个数越少，说明算法的效率越高。

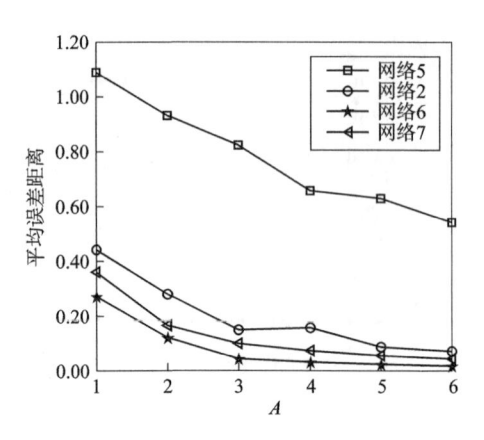

图4.4　不同的数据集中的平均误差距离

与图4.4中的平均误差距离相对应，图4.5显示了在参数 A 取不同值时四个社交网络中部署的观察点数量的平均值（百分比）。当 $A=1$ 时，所需的平均观察点数量在网络5中约为3.70%，在网络2中约为0.40%，在网络6中约为0.21%，在网络7中约为0.10%。当 $A=6$ 时，所需的平均观察点数量在网络5中约为12.00%，在网络2中约为1.00%，在网络6中约为0.60%，在网络7中约为0.25%。明显可以看出，随着 A 值的增加，算法的精度提高，所需平均观察点的数量在增加。另外，在 A 取相同值时，四个网络中所需的观察点比例从高到低依次是：网络5→网络2→网络6→网络7。这是由于参数 A 是指在部署观察点时达到的去边的数量，一般情况下，A 值越大，需要的观察点数量越多。那么网络中节点的平均度直接影响了节点选择一个观察点去掉的边数，平均度越大，选择一个观察点去掉的边越多，进而在去边数量相同的情况下，需要的观察点数量越少。

对比图4.3~图4.5中不同的网络数据可以看出：网络的平均聚类系数越大，平均度越大，直径越小，溯源准确率就越高，观察点数量越少。这说明网络结构对结果有相当大的影响。这是因为在平均聚类系数和平均度较大且网络直径较小的网络中部署一个观察点可以确定传播方向的边数越多。随着确定传播方向的边的数量的增加，结果变得越来越精确。

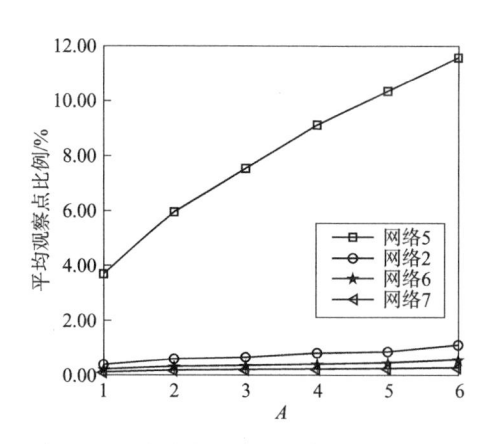

图 4.5　四个社交网络的观察点的平均数值

以上实验结果表明，本节提出的溯源方法可以在部署少量观察点的情况下获得较高的定位准确度。具体来说，通过随机选取 12% 的节点作为观测值，本章的方法获得的平均误差距离小于 0.6 跳。然而，平托（Pinto）等从理论上证明，当观测值比例达到 20% 时，平均误差距离接近 3.3 跳[24]。帕卢克（Paluch）等的工作表明，当观测比例达到 20% 时，平均误差距离约为 1.1 跳[25]。因此，本节提出的方法在精度和所需观察点数量方面优于平托和帕卢克提出的方法。

4.5　本章小结

本章借助命名博弈理论提出了一种基于单源溯源的信息传播控制方法。该方法不受传播模型的限制，具有良好的实际应用前景。仿真实验结果表明，该方法在较少数量观察点的情况下能够较为精确地定位到信息传播源点，能够准确地识别信息的单个源点，为有效控制单源信息的传播提供了可行方案，进而通过对信息的源点进行免疫策略等方法对信息的传播进行控制，为有效控制单源信息的传播提供了可行方案。

参考文献

[1] DOER B, FOUZ M, FRIEDRICH T. Why rumors spread so quickly in social networks[J]. Communications of the ACM, 2012, 55(6):70-75.

[2] SHAH D, ZAMAN T. Rumor in a network: Who's the culprit? [J]. IEEE Transactions on Information Theory, 2011, 57(8):5163-5181.

[3] PRAKASH B A, VREEKEN J, FALOUTSOS C. Spotting culprits in epidemics: How many and which ones[C]//Proceedings of the 2012 IEEE 12th International Conference on Data Mining(ICDM), Brussels, Belgium, 2012:11-20.

[4] LUO W, TAY W P. Identifying multiple infection sources in a network[C]// Proceedings of the 2012 Conference Record of the Forty Sixth Asilomar Conference on Signals, Systems and Computers (ASILOMAR), Pacific Grove, CA, USA, 2012:1483-1489.

[5] XU S, ZHOU Y, ZHANG Z. Estimating the origin of diffusion in complex networks with limited observations[J]. Social Media Processing, 2017, 774:296-307.

[6] LOKHOV A Y, M'EZARD M, OHTA H, et al. Inferring the origin of an epidemic with a dynamic message-passing algorithm[J]. Physical Review E: Statistical Nonlinear & Soft Matter Physics, 2013, 90(1):012801.

[7] SHEN Z, CAO S, WANG W X, et al. Locating the source of diffusion in complex networks by time-reversal backward spreading[J]. Physical Review E, 2016, 93(3):032301.

[8] ZHU K, YING L. Information source detection in the SIR model: A sample path based approach[J]. IEEE/ACM Transactions on Networking, 2016, 24(1):408-421.

[9] LIEBERMAN E, MICHEL J B, JACKSON J, et al. Quantifying the evolutionary dynamics of language[J]. Nature, 2007, 449(7163):713-716.

[10] INNES J E, BOOHER D E. Consensus building and complex adaptive systems[J]. Journal of the American Planning Association, 1999, 65(4):412-422.

[11] STEELS L. Language as a complex adaptive system[J]. Parallel Problem Solving from Nature PPSN VI,2000,1917(1):17-26.

[12] MATSEN F,NOWAK M A. Win-stay,lose-shift in language learning from peers[J]. Proceedings of the National Academy of Sciences,2004,101(52):18053-18057.

[13] BARONCHELLI A,FELICI M,LORETO V,et al. Sharp transition towards shared vocabularies in multi-agent systems[J]. Journal of Statistical Mechanics:Theory and Experiment,2006(6):1-13.

[14] BARONCHELLI A,DALL'ASTA L,BARRAT A,et al. Topology induced coarsening in language games[J]. Physical Review E,2006,73(1):1-4.

[15] BARONCHELLI A,DALL'ASTA L,BARRAT A,et al. In artificial life X:Proceedings of the tenth international conference on the simulation and synthesis of living systems[M]. Cambridge:MIT Press,2006,480-485.

[16] DALL'ASTA L,BARONCHELLI A,BARRAT A,et al. Non-equilibrium dynamics of language games on complex networks[J]. Physical Review E,2006,74(1):1-14.

[17] KARAMCHANDANI N,FRANCESCHETTI M. Rumor source detection under probabilistic sampling[C]//Proceedings of the 2013 IEEE International Symposium on Information Theory,2013:2184-2188.

[18] LUO W,TAY W P. Identifying infection sources in large tree networks[C]//Proceedings of the Sensor, Mesh and Ad Hoc Communications and Networks (SECON), 2012 9th Annual IEEE Communications Society Conference on,2012:281-289.

[19] NGUYEN D T,NGUYEN N P,THAI M T. Sources of misinformation in Online Social Networks:Who to suspect? [C]//Proceedings of the Military Communications Conference,2012-MILCOM,2012:1-6.

[20] KRÓL D,WIŚNIEWSKA K. On rumor source detection and its experimental verification on Twitter[C]//Proceedings of the Asian Conference on Intelligent Information & Database Systems,Springer,Cham,2017:110-119.

[21] SHAH D, ZAMAN T. Rumors in a network: Who's the culprit? [J]. IEEE Transactions on Information Theory, 2009, 57(8): 5163-5181.

[22] ZHU K, YING L. Information source detection in the SIR model: A sample path based approach[J]. IEEE/ACM Transactions on Networking, 2016, 24(1): 408-421.

[23] SHETTY J, ADIBI J. The enron email dataset database schema and brief statistical report[R]. Information Sciences Institute Technical Report, University of Southern California, 2004, 4(1): 120-128.

[24] PINTO P C, THIRAN P, VETTERLI M. Locating the source of diffusion in large-scale networks[J]. Physical Review Letters, 2012, 109(6): 068702.

[25] PALUCH R, LU X, SUCHECKI K, et al. Fast and accurate detection of spread source in large complex networks[J]. Scientific Reports, 2018, 8(1): 2508.

[26] CAI K, XIE H, LUI J. Information spreading forensics via sequential dependent snapshots[J]. IEEE/ACM Transactions on Networking, 2018, 26(1): 478-491.

第 5 章
多源信息传播溯源及控制方法

第 4 章针对单源信息传播场景,给出一种基于单源信息溯源的信息传播控制方法。该方法取得了较高的定位准确率和较好的信息传播控制效果。但是,在真实的信息传播过程中,信息传播者为了提高信息传播的速度、扩大传播范围,往往会选择多个传播源点扩散信息。因此,准确定位多源信息的传播源点将具有更高的实际应用价值。多源信息溯源必须得到一些传播过程中的信息才能对节点所获信息的来源进行有效区分。多数的多源信息溯源方法是利用部署观察点来获取传播过程的信息用以进行溯源工作的。通常,可以从观察点处获得的信息有观察点的状态、状态转换的时间或信息的来源等。在观察点数量有限的情况下,王(Wang)等提出了一种在传播模型未知的情况下利用标签传播的迭代算法[1],这种方法很难推断出源点的数量。有研究者利用可观测性理论和压缩感知解决了最小传递者的多源定位问题[2]。然而,这种方法一般只能应用于线性扩散过程。因此,本章针对多源信息传播的场景,采用反向标签传播方法将观察点分类,并结合命名博弈理论提出了一种基于多源信息的信息传播控制方法。本方法首先根据多源信息传播的特点进行观察点的部署;其次将观察点划分为不同的集合;最后采用基于命名博弈的单源定位方法求出每个观察点集合的源点,并整理得到全部的传播源点。该方法较准确地进行了观察点集合的划分,从而将多源定位问题转化为多个单源定位的问题。

基于多源溯源的信息传播控制的具体方法是准确定位传播信息的多个源点,切断所有源点与各自邻居的联系,实现对信息传播进行控制的目的。因此,基于多源的信息传播控制要解决的关键问题在于如何准确追溯传播的多个源点。

5.1　信息传播的多源溯源问题分析

多源信息溯源是指信息传播的源节点为多个源节点情况下的信息溯源。相对于只有一个源点引发的信息传播过程,多个源节点引发的信息传播过程更为复杂。由于源点个数增多,信息的传播速度将远远大于单源点的信息传播速度,给多源信息的溯源工作带来了更大的难度和挑战。吴(Wu)等扩展了乔丹中心技术用于检测谣言传播的多个源点[3]。王(Wang)根据节点激活时间与源节点测地线距离的正相关关系计算出斯皮尔曼(Spearman)中心性[4]。该算法具有较高的定位精度和较低的时间复杂度。傅(Fu)等提出了一种基于后向扩散的源定位方法[5],发现即使在观察者的比例很小且链路上的时延不精确的情况下,也可以高精度地定位多个源点。唐(Tang)等引入了一种新的启发式方法[6],涉及对参数化的格罗莫夫(Gromov)矩阵族的优化,以开发一种同时适用于单一源点和多源点的估计算法。上述研究假设沿每条边的传播延迟和源的数量是已知的。目前大多数用于识别多个传播源的算法需要预先知道传播源点的个数。然而,在真实的溯源过程中很难提前知晓传播源点的个数,这样的假设可能会限制多源定位的实际应用。另外,信息多源定位的很多工作也是基于网络拓扑结构、网络中部分节点的感染状态和感染时间。但是,信息传播通常发生在大规模的社交网络中,获取大量节点的感染状态和感染时间是非常困难的。

针对上述问题,本章提出了一种基于命名博弈论的社交网络多源信息定位方法,重点研究准确找到多个信息源点的有效方法,进而有效控制信息传播。

5.2 基于命名博弈的多源信息传播溯源方法

一条多源信息在社交网络中传播时,一个节点可能同时收到由不同传播源传来的信息。这给在规模庞大、结构复杂的社交网络中进行多源信息的溯源带来很大难度。本章的目标是提出一个策略来解决在信息源数量未知的情况下的多源信息定位问题。本章方法的具体流程如图 5.1 所示,共分为以下几步:首先,基于命名博弈进行观察点的部署并得到网络简化图。其次,根据确定好的观察点和网络的简化图,运用反向标签传播理论将部署的观察点进行集合划分。再次,分别识别各个观察点集合的源点。最后,整合得到全部的源点。

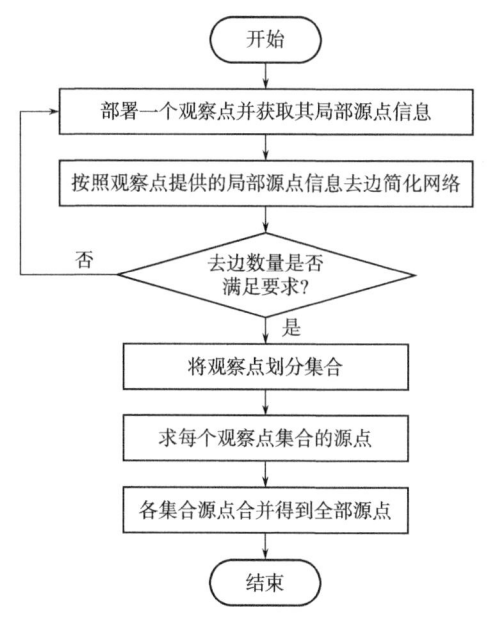

图 5.1 多源信息溯源流程图

本节在对信息传播的网络结构和传播方式进行介绍之后,详细说明了多源定位观察点的部署方式和具体的溯源方法。

5.2.1 网络结构和传播方式

一般来说，信息的传播是有方向性的。因此，本章将信息传播的网络定义为一个有向图 $G=<V,E>$，其中 V 和 E 分别为 G 的节点集和边集。从节点 u 到 v 的一条边用 $e_{u,v}$ 表示。定义 $N=|V|,M=|E|$ 表示网络的节点数和边数。如果网络中边的连接是无向的，将每条无向边视为两条有向边，分别由两个节点出发指向另外一个节点。当信息在社交网络中传播时，首先由少数节点将信息传播给它们的邻居，这些节点称为信息传播源。随后，接收到信息的节点将其传播给所有的邻居节点。这个过程的重复使信息通过多个源点在网络中快速地传播扩散。

5.2.2 观察点部署及网络简化图的获取方法

在传播过程中获取一些特定的信息是准确定位信息源的必要条件。通过部署观察点的方法获取部分节点状态及信息流动方向信息是一种常用的局部信息获取方法。因此，本章仍然沿用部署观察点的思想来获取溯源需要的信息。具体地说，在网络中加入一个节点 n^*，代表追溯信息源的个人或组织。n^* 连接网络中的所有节点，能够获得网络 G 中每个节点提供的信息。用迭代的方法让 n^* 持续获得信息并根据获得的信息进行溯源工作。

在每一个迭代时间步 t，随机选择一个节点 o_t 作为观察点和命名博弈过程的说话者，让 n^* 作为接听者。交互时，说话者 o_t 将其局部源点信息告知接听者 n^*。定义 $LS_{o_t} = \{ls_{o_t,1}, \cdots, ls_{o_t,k}\} \subset V$ 用来存放获得的信息，它表示观察点 o_t 的局部源点集合。

信息沿着网络中边的方向进行传播，一旦方向确定，则在此传播过程中该方向不会发生改变。通过观察点 o_t 所提供的局部源点信息，结合信息传播的时间先后顺序，可以明确信息一定是从集合 LS_{o_t} 中的节点传播给观察点 o_t。由此，综合每次迭代的信息可以将网络拓扑图简化得到信息传播的路径图 G_2，过程如下。

初始化 $G_2 = G$。随着观察点的不断增加，G_2 不断接近真实的传播路径图。具体地说，对于每个 o_t，用 $F_{o_t} = \{f_{o_t,1}, \cdots, f_{o_t,k}\} \subset V$ 表示观察点 o_t 的全部邻居节点。为了方便说明，用 $NL_{o_t} = F_{o_t} - LS_{o_t}$ 表示 o_t 邻居中不是其局部源点的集合，用 $CF_{o_t} = \{cf_{o_t,1}, \cdots, cf_{o_t,k}\} \subset V$ 表示观察点 o_t 与其局部源点的共同邻居的集合。然后，在 G_2 中尽可能准确地识别出传播不会经过的边并将它们删除。如果 $LS_{o_t} = \phi$，o_t 所有的邻居都没有传播这个消息。因此，G_2 不能包含从 o_t 的邻居开始的边，它们都应该被删除。相似地，如果 $LS_{o_t} \neq \phi$，根据信息传播的先后顺序，有三种类型的边可以被去除。①删除开始节点在 NL_{o_t} 集合中、目标节点在 LS_{o_t} 中的边。②删除开始节点在 NL_{o_t} 中、目标节点为 o_t 的边。③删除所有开始节点和目标节点都在 LS_{o_t} 中的边。图 5.2 是一个简单的去边过程示意图。其中，3 号和 1 号深灰色节点是依次选定的观察点，6 号和 7 号节点是 3 号观察点的局部源点，2 号节点是 1 号观察点的局部源点。按照以上去边规则，可以看出网络连接得到了很大程度的简化，如图 5.2 所示。

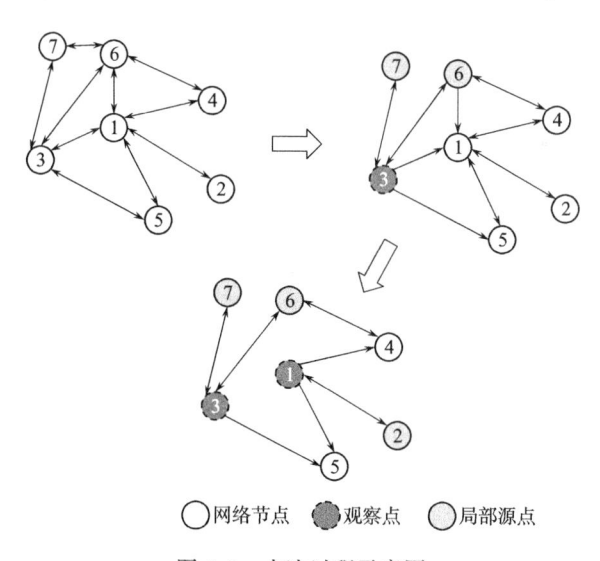

图 5.2 去边过程示意图

另外，定义参数 NE 表示去除的边占网络总边数的百分比。当 NE 达到某个值时，停止循环迭代，即选取观察点的工作结束。至此，得到简化的网络图 G_2，观察点集合 $O = \{o_1, \cdots, o_t\} \subset V$ 和所有观察点的局部源点集合

ALS = $\text{LS}_{o_1} \cup \cdots \cup \text{LS}_{o_t}$。用 ANL 表示包含所有观察点的非局部源点的邻居集合。显然，在集合 ANL 中的节点一定不是信息的传播源点。

5.2.3 观察点集合的划分方法

若 $S = \{s_1, \cdots, s_k\} \subset V$ 表示真实的信息源点的集合，设计目标是从网络拓扑和观察点提供的局部源点信息中识别集合 S。图 5.3 是一个多源信息溯源过程中观察点部署示意图。其中，$S = \{2, 12, 17\}$ 是传播的源点集合，$O = \{3, 6, 10, 13, 15, 18, 20\}$ 是观察点集合。

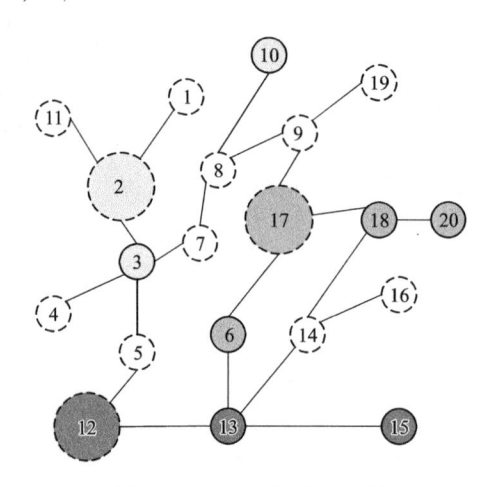

图 5.3 观察点部署示意图

从图 5.3 中可以清楚地看出：在单源信息传播中，每一个观察点 o_t 的局部源点集合 LS_{o_t} 中的节点的信息必定来自同一个源点；而在多源信息传播的情况下，LS_{o_t} 中的节点的信息很可能来自不同的源点，这导致多源点信息定位过程中部署的观察点的信息也可能来自不同的源点，从而导致多源信息的溯源问题更复杂和困难。若能按照不同的源点将观察点进行区分，并分别求不同的观察点集合的源点，便能解决多源信息溯源的问题。

为了解决上述问题，本节根据第 5.2 节给出的简化网络 G_2 将观察数据划分集合。然后，根据观察点提供的局部源点信息找到每个观察点集合的源点。划分集合的基本思想是：与位于不同集合的观察点相比，同一集合的观察点的信息来自同一个源点的概率更高。那么，在网络 G_2 中，能将消息传递给某一个观察点的节点便可能是该观察点的源点。由于 G_2 是根据网络拓扑和观察点提供的信息由去边操作得到的，其中仍然存在部分传播不经过的边。节点到某观察点的距离越大，经过的传播不可能经过的边数可能越多，那么节点是该观察点源点的概率越小。故一个节点是某观察点的源点的概率应与其到观察点的距离成反比。各个观察点的信息可能由同一源点传来，那么在一定距离内，若某节点可以将信息传播给多个观察点，则此节点可能是该多个观察点的共同源点。因此，本章采用标签传播方法得到由同一个节点传播获取信息的所有观察点集合，如算法 5.1。

算法 5.1 观察点集合划分算法

输入：简化后的网络图 G_2，观察点集合 O。
输出：各节点收到的观察点标签集合矩阵 OD

```
01:    for m=1 :<d>/2 do
02:        OD₁ = OD
03:        for 节点 i∈V do
04:            for 节点 j∈V do
05:                if e_{ij} 是 G₂ 的边
06:                    for 观察点 o_t∈O do
07:                        if OD₁(j,o_t)=1 and OD(i,o_t)=0 then
08:                            OD(i,o_t)=1
09:                        end if
10:                    end for
11:                end if
12:            end for
13:        end for
14:    end for
15:    end function
```

先将所有观察点作为传播源进行反向标签传播，在限定的传播步数中找到能够将信息传播到各个观察点的节点。在直径为<d>的网络中，任意节点到源节点的最长距离为<d>。为不失一般性，选择<d>/2作为具体的反向标签的传播步数来寻找能够将信息传播给各个观察点的节点。因此，如果一个节点i接收到来自多个观察点的标签，那么节点i被认为是这些观察点的上游节点（即信息从源点传播到节点i，然后节点i将信息转发给接收到标签的观察点），则这些观察点属于同一个集合。用一个$N×N$矩阵**OD**来记录每个节点接收到的观察点的标签。初始情况下，如果$j∈O$且$i=j$，**OD**$(i,j)=1$。否则，**OD**$(i,j)=0,1<i,j<N$。这意味着标签传播从每个观察点开始。随后，若**OD**(i,j)的值从0变为1，说明节点i传播了观察点j的标签。在<d>/2步标签传播后，得到了反向标签传播结果的矩阵**OD**，该矩阵的第i行包含了节点i在<d>/2步内可将信息传播到的观察点。

由于矩阵**OD**中的全零行表示该节点没有收到任何观察点的标签，无法为观察点的划分提供依据，同时矩阵**OD**中的重复行表示观察点的划分集合相同，所以本节采用合并和删除全零行的方法简化观察点集合矩阵**OD**，具体方法见算法5.2。另外，如果一个节点可以将信息传播给一个观察点，它也可以将信息传播给这个观察点可以传达的节点。因此，再次以迭代的方式修改结果矩阵。然后，去掉所有的全零行和能被其他行包含的行。最后得到的矩阵**OD**，其每一行的非零项表示从同一源节点获取信息的观察点。参数r_{OD}定义为矩阵**OD**的行数，也表示观察点集合个数。

算法5.2　观察点集合精简算法

输入：矩阵 OD

输出：简化后的矩阵 OD

1:　　flag = 1
2:　　while flag = 1
3:　　　OD$_2$ = OD
4:　　　for 节点 u ∈ V do

```
5:      for 观察点 o_t ∈ O do
6:        if OD(u,o_t)==1 then
7:          if u∈O and u∈ALS then
8:            OD(u,:)=or(OD(u,:),OD(o_t,:))
9:          end if
10:       end if
11:     end for
12:   end for
13:   if OD=OD_2 then
14:     flag=0
15:     中止循环
16:   end if
17: end while
18: 删除 OD 中的全零行
19: 删除 OD 中是其他行子集的行
20: end function
```

5.2.4 求每个观察点集合的源点

在对观察点进行集合划分之后，另一个需要解决的问题是寻找每一个观察点集合的源点。通常，从源点到其他节点的传播路径越长，该节点接收到信息就越晚。此外，由于信息的传播行为具有时间顺序性，观察点接收信息的时间要晚于其局部源点收到信息的时间。因此，若一个节点满足其到观察点的距离大于它到该观察点局部源点集合的距离，则此节点为源点的概率大于不满足这个条件的节点，且此距离差越大，此节点为源点的概率也越大。每个观察点集合中有多个节点时，一个节点到集合内各观察点和局部源点的距离满足上述条件的个数越多，该节点是该观察点集合源点的概率越大。因此，此处用不断更新概率的方法求得各观察点集合的源点。

具体地说，在每个观察点集合中，定义 $\overrightarrow{p_k^{(t)}} = (p_{k,1}^{(t)}, \cdots, p_{k,N}^{(t)})$ 为概率向量，其中 $p_{k,i}^{(t)}$ 表示考虑到第 t 个观察点提供的信息，节点 i 为第 k 个观察点集合的源点的概率。初始化，$\forall i \in \{1,2,\cdots,N\}$，$p_{k,i}^{(0)}$ 等于 $1/N$。然后，对于每个观察点 o_t，量化 o_t 所提供的信息对 $\overrightarrow{p_k^{(t)}}$ 值的影响。如果 $\mathbf{OD}(k,o_t) = 0$，表示 o_t 不属于第 k 个观察点集合，则有 $\overrightarrow{p_k^{(t)}} = \overrightarrow{p_k^{(t-1)}}$。如果 $\mathbf{OD}(k,o_t) = 1$，表示 o_t 属于第 k 个集合。用 $[u,v]$ 表示节点 u 与 v 之间的最短路径，令 $d(u,v)$ 表示 G_2 中 u 与 v 之间的最短路径长度。当 $d(i,o_t) = \inf(\forall i \in V)$ 时，节点 i 无法将信息传递给观察点 o_t。因此，节点 i 也必须不是传播源。用 Q 表示为满足 $d(i,o_t) = \inf(\forall i \in V)$ 的所有节点的集合。此外，集合 ANL 中的节点也一定不是源。为了便于计算，令 $T = \text{ANL} \cup Q$，并根据式（5.1）更新各 $p_{k,i}^{(t)}$ 的值。

$$p_{k,i}^{(t)} = \begin{cases} p_{k,i}^{(t-1)} + \dfrac{\sum_{r \in T} p_{k,r}^{(t-1)}}{n_z} & (i \notin T, p_{k,i}^{(t-1)} \neq 0) \\ 0 & (\text{其他}) \end{cases} \quad (5.1)$$

其中，n_z 表示 $p_{k,i}^{(t-1)} \neq 0$ 且不在 T 内的节点的个数。

此外，定义 $d(i,\text{LS}_{o_t}) = \left\{ d(i,\text{ls}_{o_t,r}) \Big| \max_{\text{ls}_{o_t,r} \in \text{LS}_{o_t}} (d(i,\text{ls}_{o_t,r})), d(i,\text{ls}_{o_t,r}) \neq \inf \right\}$ 作为从节点 i 到集合 LS_{o_t} 的距离。如果 $d(i,o_t) - d(i,\text{LS}_{o_t})$ 越大，LS_{o_t} 中的节点比节点 o_t 更早收到信息的可能性越大，则节点 i 是第 k 个观察点集合的传播源的概率越大。为避免距离差为负，定义 $\varepsilon = \min\limits_{\text{ls}_{o_t,r} \in \text{LS}_{o_t}} (d(i,o_t) - d(i,\text{ls}_{o_t,r}))$。

在此基础上，根据式（5.2）进一步更新节点 i 为第 k 个观测集的源的概率，旨在将节点 i 到观察点 o_t 的距离差体现到节点可能是源点的概率上。

$$p_{k,i}^{(t)} = \begin{cases} p_{k,i}^{(t)} \times \dfrac{\alpha}{\alpha+1} + \dfrac{d(i,o_t) - d(i,\text{LS}_{o_t}) - \varepsilon - 1}{\sum_{r=1}^{N} [d(r,o_t) - d(r,\text{LS}_{o_t}) - \varepsilon - 1] \times (\alpha+1)} & (p_{k,i}^{(t)} \neq 0) \\ 0 & (p_{k,i}^{(t)} = 0) \end{cases}$$

(5.2)

其中，$\alpha = \sum_{r=1}^{t} \mathbf{OD}(k,r)$，这意味着 o_t 是第 k 个集合中的第 α 个观察点。

当 t 的值等于 $|O|$ 时，在源节点的估计过程中对每个观测提供的信息都已经进行评估，即概率更新过程停止。式（5.3）概率最大的节点作为第 k 个观测集的源。

$$\beta_k = \arg\max_{i \in V} \overrightarrow{p_{k,i}^{(|O|)}} \quad (k = 1, 2, \cdots, r_{\mathrm{OD}}) \tag{5.3}$$

采用上述方法估计出每个观察点集合的传播源点，通过合并可得各观察点集合各自的源点，即估计的一组信息源，表示为 $\Omega = \beta_1 \cup \cdots \cup \beta_{r_{\mathrm{OD}}}$。

5.3 仿真实验及分析

本节通过仿真实验对本章所提出的多源信息源点定位方法的性能进行评估。仿真实验的具体方法是：先按照一定的规则进行多源信息的传播扩散模拟，即在网络中随机选择一定数量的节点作为源点，按照经典的 SIS 传播模型将某条规定信息进行扩散传播。经过一段时间传播后，将传播停止。将此时的网络情况作为传播结果，根据本章所提出的多源定位方法推理估计出传播的源点。

5.3.1 数据集的描述

本章的实验数据采用与第 4 章相同的四个真实的社交网络。不同的是，为了简化算法，此处网络直接按照有向图处理，即将每条无向边按照由边连接的两个节点分别指向彼此的两条有向边处理。

5.3.2 实验结果及分析

分别在四个社交网络中进行 300 次独立的传播模拟仿真实验。在每次实验中，信息传播的源点个数在 {2,3,4} 中均匀随机选取，以被选的节点作为信息传播源点，根据 SIS 传播模型，模拟多条信息在网络中的传播过程。经过一段时间后，信息传播过程停止，得到该时刻网络拓扑结构及所有节点的状态信息，并依据此信息，采用本章提出的多源定位方法找到信息传播源点。最后，评估本章提出方法的准确性和有效性。

本节采用估计的源点数量$|\Omega|$和真实的源点数量$|S|$的差值，即误差数量 $\Delta = |\Omega| - |S|$ 评估多源信息溯源方法的准确性。$\Delta < 0$ 表示估计的源点个数少于真实源点个数，$\Delta > 0$ 表示估计的源点个数多于真实源点个数。Δ 的值越接近 0，估计的源点数量越接近真实源点数量，说明算法对源点个数定位越准确。

图 5.4 显示了当 NE 取不同值时，误差数量 Δ 在不同数据集中的分布情况。其中，当 NE=10% 时，本章的方法在网络 5 中准确估计传播源的次数比例为 15.33%，在网络 2 中为 9.67%，在网络 6 中为 14.67%，在网络 7 中为 1.33%。当 NE=50% 时，本章的方法在网络 5 中准确估计传播源的次数比例为 39.00%，在网络 2 中为 31.00%，在网络 6 中为 26.00%，在网络 7 中为 25.00%。从图 5.4 可以看出，随着 NE 的增加，Δ 为 0 的比例逐渐增加，说明 NE 越大，本章的方法越精确。另外，从每条不同的折线可以清楚地发现，虽然 NE 的取值不同，但是误差数量 Δ 的大多数值都接近 0，这说明本章提出的多源定位方法能够较准确地估计出真实信息源的数量。

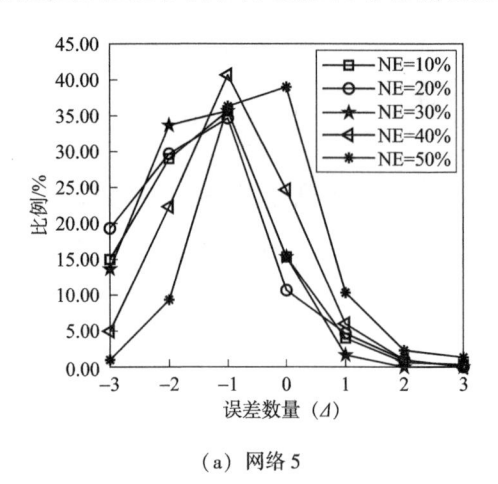

(a) 网络 5

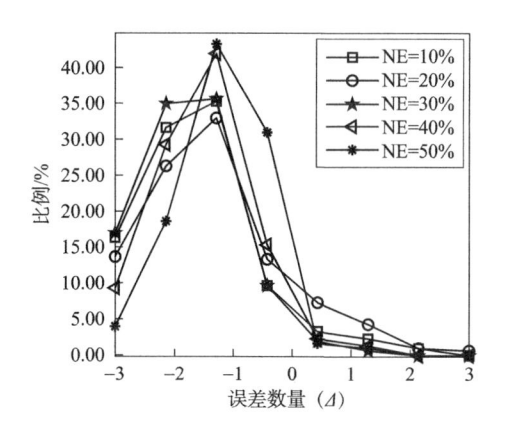

(b) 网络 2

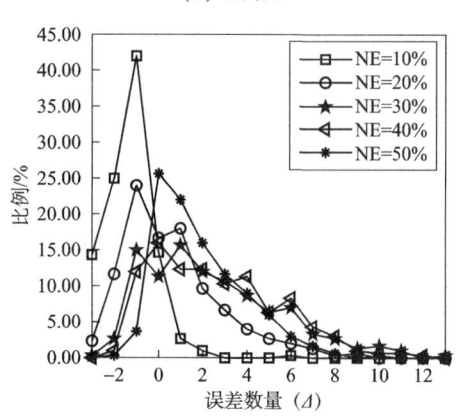

(c) 网络 6

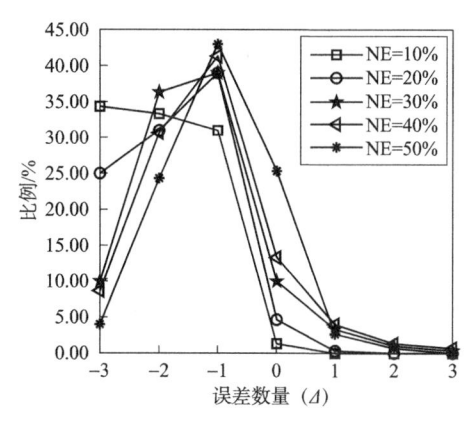

(d) 网络 7

图 5.4 不同的数据集中误差数量（Δ）的分布图

由于信息传播的源点可能有多个，无法直接用单源定位直接对比估计源点和真实源点的距离的方法来进行源点位置准确性的评估。为了对多源点溯源的位置准确度进行量化，根据式（5.4）的匹配函数将估计源点与真实源点进行一一配对。

定义 5.1 匹配函数：

$$\hat{\beta}_i = \pi(i) = \arg\min_{\beta_j \in \Omega} \left(\sum_{s_t \in S} d(s_i, \beta_j) \right) \tag{5.4}$$

按照式（5.4）的匹配函数得到的配对是所有配对中估计源点与真实源点的距离和的最小值。然后，利用每一对估计源点和真实源点之间的距离，按照式（5.5）求出平均误差距离。

定义 5.2 平均误差距离：表示所有配对的节点之间的距离的平均值。

$$\phi = \frac{1}{\min(|\Omega|, |S|)} \left(\sum_{i=1}^{\min(|\Omega|, |S|)} d(s_i, \hat{\beta}_i) \right) \tag{5.5}$$

接下来，使用平均误差距离ϕ来量化算法对源点位置定位的准确性。平均误差距离ϕ的值若为零，说明估计出的源点的位置都是准确的，ϕ的值越大，说明估计的源点位置离真实源点越远，准确度越低。

平均误差距离ϕ在四个真正的社交网络中的分布如图5.5所示。在网络5中平均误差距离ϕ的范围是0~6，在网络2中平均误差距离ϕ的范围是0~5，在网络6中平均误差距离ϕ的范围是0~4，在网络7中平均误差距离ϕ的范围是0~7。可以清晰地看出，当NE取不同值时，平均误差距离ϕ的分布中大多数集中在ϕ值很小的部分，而极少数在ϕ值较大的部分，这说明本算法在源点位置定位方面具有较高的准确性。另外，当参数NE=10%时，本章的方法在网络5中准确估计源点位置的占比是16.00%，在网络2中是19.00%，在网络6中是10.33%，在网络7中是15.33%。当参数NE=50%时，本章的方法在网络5中准确估计源点位置的占比是69.00%，在网络2中是62.67%，在网络6中是53.33%，在网络7中是51.67%。可以看出，随着NE值的增加，ϕ值较小部分的占比逐渐增加，说明NE越大，算法估计源点位置的准确率逐渐提高。

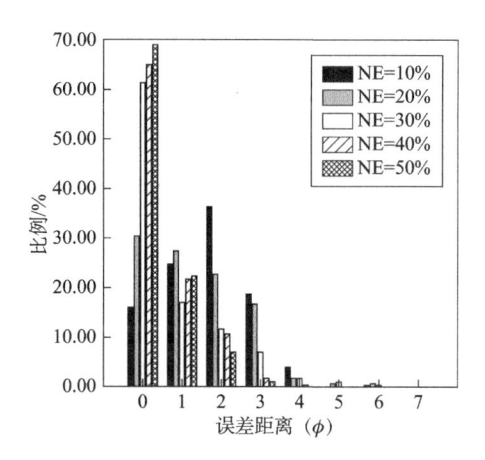

(a) 网络 5

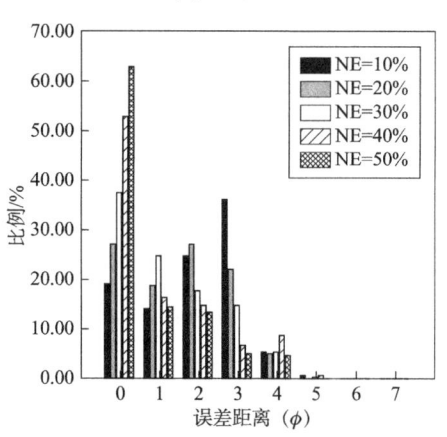

(b) 网络 2

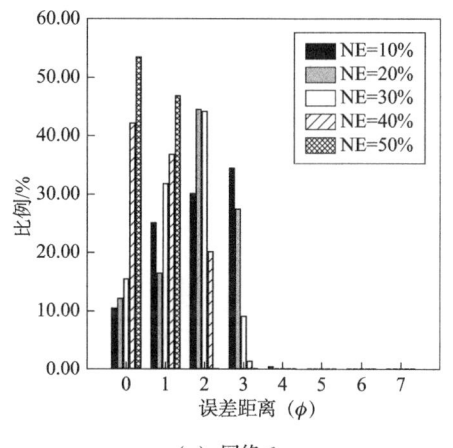

(c) 网络 6

(d) 网络7

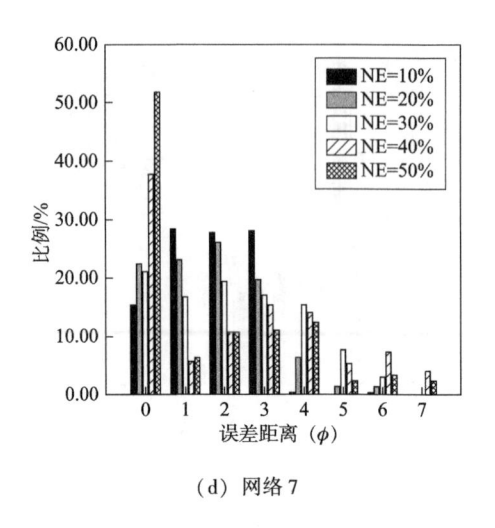

图 5.5　不同的数据集中误差距离（ϕ）的分布图

通过算法描述可以看出，本方法的时间复杂度是 $O(R \cdot N^2)$，其中 R 是观察点个数，N 是节点个数。部署的观察点的数量越多，需要的迭代次数越多且时间越长。因此，可以用观察点的数量来衡量本章的信息源定位方法的效率。与图 5.4 和图 5.5 的准确率相对应，图 5.6 表示了四个社交网络中观察点数量相对于节点总数的平均百分比。其中，当 NE=10% 时，需要的平均观察点数量的百分比在网络 5 中约为 7.48%，在网络 2 中约为 4.88%，在网络 6 中约为 4.03%，在网络 7 中约为 4.06%。当 NE=50% 时，需要的平均观测百分比在网络 5 中约为 49.53%，在网络 2 中约为 43.50%，在网络 6 中约为 42.78%，在网络 7 中约为 40.13%。从图 5.6 中可以明确地看出：随着 NE 的增加，部署观察点的平均数量增加。另外，从四条折线的位置关系可以看出，在去边数量 NE 的值相同的情况下，四个网络中所需的观察点比例从高到低依次是：网络 5→网络 2→网络 6→网络 7。这是由于参数 NE 指的是去边数量，那么网络中节点的平均度直接影响了节点选择一个观察点去掉的边数，平均度越大，选择一个观察点去掉的边越多。所以，在去边数量相同的情况下，需要的观察点数量越少。

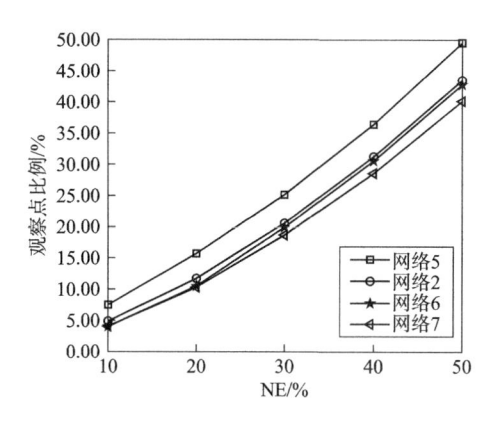

第 5 章 多源信息传播溯源及控制方法

图 5.6 不同的数据集中观察点比例的分布图

图 5.7 显示了本章的方法和唐（Tang）等提出的方法的平均误差距离的比较结果。唐等提出的方法是利用部分时间戳估计网络中的感染源的方法[6]。其中，当观察点比例为 10% 时，唐等提出的方法的平均误差距离是 2.45；而本节提出的方法只需 7.48% 的观察点就可以将平均误差距离缩小到 1.60 左右。随着观察点数量的增加，两种方法的准确率都在提高。当观察点比例为 50% 时，该方法的平均误差距离是 1.75；而本节提出的方法只需 49.54% 的观察点就可以将平均误差距离缩小到 0.28 左右。从图 5.7 中可以明确地看出，在设置相近数量的观测值时，本章提出的方法在准确率方面都优于唐等提出的方法。

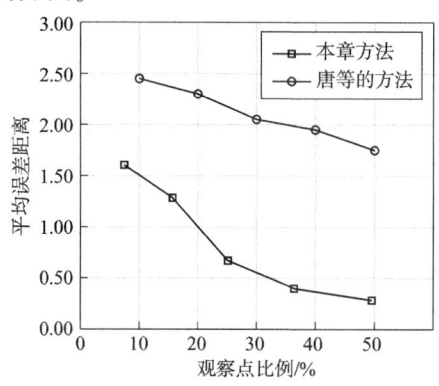

图 5.7 本章方法与唐等提出的方法的平均误差距离的对比图

以上结果表明，本章提出的方法可以获得较高的定位精度。但是，具体实验中每一个观察点是随机选择的，而通过上文分析可知，观察点的具体位置对溯源结果的准确性影响很大，所以还需要对观察点部署方法对基于多源溯源的信息传播控制效果的影响进行研究。

5.4 本章小结

本章从准确定位多源信息传播的源点角度研究了对信息传播进行有效控制的策略。首先，分析了多源点情况下信息传播的特征，得出多源点定位的主要难点在于无法区分多个源点的传播范围。其次，利用反向标签传播将部署的观察点进行划分集合，从而将多源信息定位问题转化为单源信息定位问题，提出了一种基于命名博弈的多源信息溯源的方法，为基于多源溯源的信息传播控制方法提供了有效依据。该方法可以在传播模型类型和参数均未知的情况下较准确地估计实际信息源的数量与位置。

参考文献

[1] WANG Z,WANG C,PEI J,et al. Multiple source detection without knowing the underlying propagation model[C]//Proceedings of the 31st AAAI Conference on Artificial Intelligence. AAAI,2017:217-223.

[2] HU Z L,HAN X,LAI Y C,et al. Optimal localization of diffusion sources in complex networks[J]. Royal Society Open Science,2017,4(4):170091.

[3] WU T,GUO Y,CHEN L T,et al. Integrated structure investigation in complex networks by label propagation[J]. Physica A:Statistical Mechanics and its Applications,2016,448:68-80.

[4] WANG H. An universal algorithm for source location in complex networks[J]. Physica A:Statistical Mechanics and its Applications,2019,514:620-630.

[5] FU L,SHEN Z S,WANG W X,et al. Multi-source localization on complex networks with limited observers[J]. Europhysics Letters,2016,113(1):18006.

[6] TANG W C,JI F,TAY W P. Estimating infection sources in networks using partial timestamps[J]. IEEE Transactions on Information Forensics and Security,2018,11(12):3035-3049.

第 6 章

总结与展望

6.1 本书内容总结

本书分析了信息传播控制的关键理论及近年来国内外相关研究的进展，结合博弈论思想，从信息传播模型的设计和传播源点的定位工作中对信息传播速度与范围的控制策略进行研究。本书所提出的信息传播控制策略的优势和创新点总结如下。

（1）基于网络演化博弈论分析了多条竞争信息在社交网络中的传播行为，利用收益矩阵模拟个体决策过程，提出了针对两条互斥信息的竞争传播模型，通过加入竞争信息的方法控制原信息的传播过程和传播范围。仿真结果表明：更多的个体倾向于传播获得较高收益的信息，从而该信息将赢得博弈（即拥有较多信任和传播者）。这意味着竞争信息的收益大小决定了其对原信息控制力的大小。此外，网络拓扑结构也影响着两种互斥信息的两两交互。在相同的参数下，平均度越高的网络，中立个体的数量越少。在平均聚类系数越低且平均度越大的网络，分别信任两条互斥信息的个体数量差越大。本书对两种互斥信息传播建模的方法有效且实用，发现了两条竞争信息的传播特性，并为如何更好地控制和引导舆论提供了可行的方法。

（2）分析研究了社交网络中单信息传播的溯源过程，借助命名博弈理论提出了一种基于单源信息溯源的信息传播控制方法。该方法不受传播模型的限制，按需设置观察点，在准确估计源点位置的基础上，为有效控制单源信息的传播提供了可行方案，具有良好的实际应用前景。

（3）分析了信息多源点传播现象的特征，提出了一种基于多源信息溯源的信息传播控制方法。该方法灵活地运用了命名博弈和标签传播理论，在传播模型类型和参数未知的情况下，准确地估计信息传播源点的数量和位置。该方法无须知道信息源的个数，解决了之前许多方法需要预先知道传播源个数的问题，为基于多源溯源的信息传播控制方法提供了有效依据。

上述研究内容意在对信息传播的过程进行深入透彻的研究，从而找到控制信息传播的有效策略。实验数据表明本书提出的方法切实有效、控制效果明显。综上所述，本书的研究有一定的意义并取得了一定的成效。

6.2　未来研究展望

在网络科技飞速发展的今天，信息传播的场景和具体条件都在发生日新月异的变化。在上述阶段性研究成果的基础上，今后将继续深入研究信息传播的各种新问题，探索更加实用有效的信息传播控制策略，为引导正向社会舆论、减轻负面信息不良影响尽一份微薄之力。下一步的研究工作包括以下几方面内容。

（1）获取更多网络平台的真实数据，对本书所提出的研究方法进行实验与对比，意在提高方法的适用性，发现更多数据层面的特点和问题。

（2）伴随着节点的加入和移除，社交网络的拓扑结构是不断变化的，而本书是采用静态网络结构来模拟的社交网络。后续研究内容应是设计出针对动态网络及多层网络等网络类型的具有良好鲁棒性的传播控制方法。

（3）本书设计的溯源方法的前提是通过观察点获得的信息都是正确的，即被确定为观察点的个体是诚实的。然而，观察点是有主观意愿的人，在真实的溯源场景下，其提供的信息很可能是不真实的。接下来的研究需要针对部分观察点提供虚假信息的问题，完善定位方法，在准确定位观察点的同时也能找出不诚实的观察点。

  网络时代，人们的线上生活与工作越来越丰富多彩。然而，在便捷与多样化背后隐藏着各种各样的威胁。因此，社交网络信息传播控制的研究对个人的生活及社会的安定都有着重大的实际意义，今后还需要从更多的方向进行深层次的探讨与研究，任重而道远。

后　　记

  本书即将出版之际,我的内心满是感慨与感激。这部专著凝结的不仅是知识与思考,更是很多人给予的支持与温暖。

  感谢我攻读博士研究生期间的导师朱志良教授。在博士研究生求学阶段,您以渊博的学识为我搭建起学术的框架,以敏锐的洞察力帮我拨开理论的迷雾。从博士论文到专著创作,您始终如灯塔般照亮我前行的方向。那些在研究室的无数次探讨,批改论文时密密麻麻的批注,都成为我学术成长路上最珍贵的财富。您严谨的治学态度与开阔的学术胸怀,不仅教会我做学问,更指引我成为更好的教育工作者。

  感恩单位领导与同事的鼎力相助。在专著撰写过程中,单位领导高瞻远瞩,为我的研究提供了宝贵的政策支持与资源保障,让我能心无旁骛地投入创作;同事们或是在教学任务上主动分担,或是在研究思路上倾囊相授,与大家交流时迸发的思维火花,常常为我的写作带来新的灵感。是学校包容开放的学术环境与团结协作的氛围,让这部专著得以顺利诞生。

  感谢出版社工作人员的专业与耐心。从稿件的细致校对到装帧设计的精心打磨,从出版流程的协调推进到市场推广的用心策划,每一个环节都凝聚着你们的心血。你们的敬业精神与对品质的执着追求,让这部专著以更好的面貌呈现在读者面前。

  最后,向每一位翻开本书的读者致以诚挚谢意。你们的阅读与思考赋予文字新的生命,期待书中内容能为您带来启发,也恳请您不吝赐教,让我们在知识的探索中共同进步。

杨　雪
2024 年 10 月